CATALOGUE

DES LIVRES

COMPOSANT LA BIBLIOTHÈQUE

de Bergues.

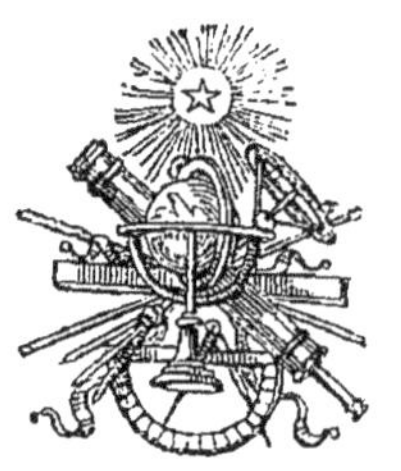

DUNKERQUE,

IMPRIMERIE DE VANWORMHOUDT.

1842.

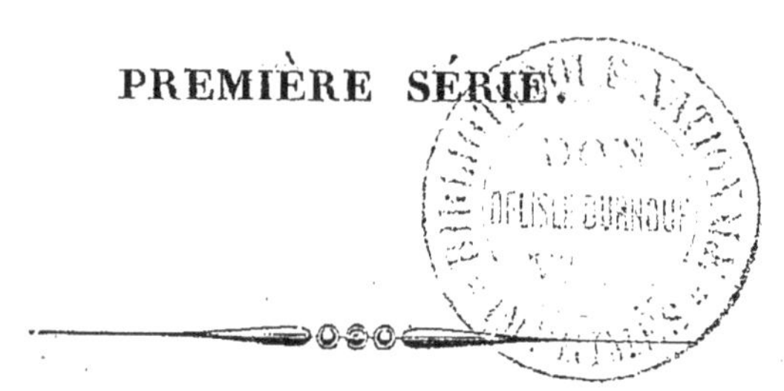

RELIGION.

Abrégé de la Morale de l'Évangile, par .... Paris, 1685.
3 vol. in-12.

Abrégé de la Sainte Bible, avec quelques renseignemens,
par Guérard. Paris, 1733, 2 vol. in-12.

Abrégé des Matières bénéficiales ecclésiastiques, par
Charloteau. Paris, 1678, 1 vol. in-12.

Acta Sanctæ Godelevæ, per Sollerium. Antwerpiæ, 1720,
1 vol. in-8.º

Acta Sanctorum Hiberniæ, per Golganum. Lovanii, 1645,
2 vol. in-fol.

Acta Sanctorum Maii collecta , digesta ac illustrata per Bollandum. Antwerpiæ , 1680 , 8 vol. in-fol.

Actes de la Conférence de Paris , mois de juillet etaoût, par .... Paris , 1568 , 1 vol. in-12.

Actes des Apôtres, par de Sacy. Bruxelles , 1 vol. in-12.

Actes , titres et mémoires concernant les affaires du clergé de France. Paris , 1646 , 3 vol. in-4.º

Adnotationes in Evangelia , per Hieronymum Natalem. Antwerpiæ, 1607, 1 vol. in-fol.

Alberti magni Ratisbonensis episcopi opera. Lugduni, 1641, 21 vol. in-fol.

Altération du dogme théologique par la philosophie d'Aristote. 1696, 1 vol. in-12.

Ambrosii divi opera. Parisiis, 1632, 1 vol. in-fol.

Analyses et dissertations sur les livres de l'Ancien Testament, par Devance. Nancy, 1742, 8 vol. in-12.

Année (l') Chrétienne ou les Messes des dimanches et fêtes de toute l'année. Bruxelles, 1687, 12 vol. in-12.

Annuæ litteræ Societatis Jesu anni 1605. *Duaci*, 1618, 1 vol. in-12.

Apocalypse de saint Jean , avec explication , par de Sacy. Bruxelles, 1703, 1 vol. in-12.

Apologie de la véritable Théologie, par Barclay. Londres, 1702, 1 vol. in-12.

Apologie de l'abbé de Prades. Amsterdam , 1753 , 1 vol. in-12.

Apologie de l'abbé de La Trappe, par..... 1 vol. in-12.

Apologie des Dominicains missionnaires en Chine, par.... Cologne , 1699, 1 vol. in-12.

Apologie des Lettres provinciales de Louis de Montalte. Rouen, 1697, 2 vol. in-12.

Apologie (seconde) pour M. Jansénius, évêque d'Ypres, et pour ia Doctrine *Augustinus*...... 1645, 2 vol. in-4.º

Apologie pour l'Église catholique, par Vigne. Paris, 1686, 1 vol. in-12.

*Apostilla Nicolai Delyre in epistolas sancti **Pauli** apostoli ;* manuscrit, 1 vol. in-4.º

*Arnobii disputationum adversus gentes libri **VII**. Antverpiæ*, 1582, 1 vol. in-12.

Athanasii episcopi Alexandrini opera quæcumque exstant omnia. Argentinæ, 1522, 1 vol. in-folio.

Auctores historiæ ecclesiasticæ. Basileæ, 1539, 1 vol. in-4.º

Augustini (sancti Aurelii) episcopi opera. Antverpiæ, 1700, 9 vol. in-folio.

Augustini Beati opuscula insignioria. Lovani, 1647, 2 vol. in-8.º

Augustini sancti opuscula selecta. Lutetiæ, 1726, 3 vol. in-12.

Augustine's (St.) Confessions. London, 1739, 1 vol. **in-12.**

Augustinus sanctus divo Thomæ conciliatus, par Serry. Patavii, 1724, 1 vol. in-12.

Aurifondina universalis ex fontibus S. S. patrum. Parisiis, 1680, 3 vol. in-folio.

Autorité des conciles et des papes, par.... 1711, 1 vol. in-8.º

Basilii (S.) Magni opera. Basileæ, 1546, 1 vol. in-folio.

Bembi, Petri, epistolarum Leonis decimi nomine scriptarum libri XVI. 1539, 1 vol. in-12.

Bengei Antonii et Francisci Pinssonii tractatus de beneficiis ecclesiasticis. Parisiis, 1654, 1 vol. in-folio.

Bernardi sancti opera gemina. Parisiis, 1719, 2 vol. in-folio.

Bibles latines, françaises, flamandes, hébraïques, anglaises et arabes. 10 vol. in-fol.

Biblia cum concordantiis veteris et novi testamenti, per J. de Gravibus. Lugduni, 1521, 1 vol. in-folio.

Biblia magna commentariorum litteralium, per J. Gagnœum. Parisiis, 1643, 3 vol. in folio.

Biblia sacra cum glossá ordinariá et postillá, per N. Lyranum. Duaci, 1637, 6 vol. in-folio.

Biblia sacra vulgatœ editionis. Antverpiœ, 1631, 1 vol. in-4.º

Biblia veteris testamenti sacratissima scholiis illustrata, per Juniam. Hanoviœ, 1602, 1 vol. in-4.º

Bibliothèque canonique sur les matières théologiques et bénéficiales, par Blondeau. Paris, 1689, 2 vol. in-fol.

Bibliotheca cluniacensis, sive vitœ patrum abbatum, per M. Maziek. Lutetiœ, 1614, 1 vol. in-folio.

Bibliotheca præmonstratensis ordinis, per le Paige. Parisiis, 1633, 1 vol. in-folio.

Bibliotheca sancta, per J. Hayum, scotum. Parisiis, 1610, 1 vol in folio.

Bibliotheca veterum patrum, per de la Bigne. Parisiis, 1609, 4 vol. in-fol.

Bibliothèque nouvelle des auteurs ecclésiastiques, par Dupin. Paris, 1688, 5 vol. in-8.º

Bibliothèque des prédicateurs, par Houdry. Lyon, 1718, 11 vol. in-4.º

Bibliothèque janséniste avec notes et critiques. Bruxelles, 1740, 2 vol. in-12.

Biel (Gabrielis) sacræ philosophiæ licentiati missæ expositio. Basileæ, 1510, **1** vol. in-4.⁰

Bonæ (Joannis) in rebus liturgicis opera omnia. Antverpiæ, 1677, 1 vol. in-4.⁰

Bonartii Oliverii in ecclesiasticum commentarius, ouvrage dédié aux magistrats de la ville de Bergues. 1633, 1 vol. in-fol.

Bonartii Oliverii in Estherem commentarius. Coloniæ Agrippinæ, 1667, 1 vol. in-fol.

Brevis methodus orationis mentalis, man. 1 vol. in-12.

Bochardi Wormaciensis episcopi decretorum libri XX. Parisiis, 1550, 1 vol. in-12.

Bullarium capucinorum, jussu Bonavent. à Ferraria. Romæ, 1740, 5 vol. in-fol.

Bullarium ordinis F. F. prædicatorum, per Ripolum. Romæ, 1729, 8 vol. in-fol.

Bullarium romanum, per Cherubinum. Lugduni, 1673, 4 vol. in-fol.

Bullarium S. ordinis cluniacensis, per.... Lugduni, 1690. 1 vol. in-fol.

Cabassuti notitia ecclesiastica conciliorum et canonum. Lugduni, 1725, 1 vol. in-fol.

Calvinii (Joannis) nova effigies, per Nicolaum Romeum. Antverpiæ, 1622. 1 vol. in-fol.

Cantique des Cantiques, avec explication, par de Sacy. Paris, 1694, 1 vol, in-12.

Cæremoniales episcoporum, Clementis VIII et nunc Innocentii X, paparum, auctoritate recognitum. Lugduni, 1680, 1 vol. in-12.

Calomnie (la) confondue, ou le théologien vengé, par.... 1763, 1 vol. in-12.

Calvinisme (le) et le papisme, mis en parallèle, pai
Maimbourg.

Canones et decreta sancti Concilii Tridentini. Lovanii,
1564, 1 vol. in-8.º

Canonicas (in) apostolorum septem epistolas collatio , per
.... *Parisiis*, 1550 , 1 vol. in-8.º

Carême chrétien, avec explications, par...... Paris,
1682 , 2 vol. in-12.

*Carta del maestro de Leon a las Madras priora Ana de
Jesus. Antverpiæ*, 1587 , 1 vol. in-4.º

Castellionis Sebast. opera, ouvrage flamand , sur la liberté
des cultes, par.... Harlem, 1613 , 1 vol. in-8.º

Catéchismes de Fleury, de Montpellier, Romain et de
Colbert. 11 vol. in-12.

Catéchisme du Concile de Trente, par.... Paris, 1686 ,
1 vol. iu-12.

Catéchisme du Concile de Trente , nouvelle traduction ,
par.... Liège , 1778 , 2 vol. in-12.

*Catechismus ad parochos ex decreto Concilii Tridentini.
Lugduni ,*1682, 1 vol. in-12.

*Catena patrum græcorum in sanctum Joannem , per Cor-
derium. Antverpiæ*, 1630 , 1 vol. in-fol.

*Causa Arnalda seu Ant. Arnaldus Sorb. doctor vindica-
tus. Leodici*, 1691 , 1 vol. in-8.º

*Causa janseniana sive factitia hæresis, per Irenæum.
Coloniæ ,*1682 , 1 vol. in-8.º

*Cherubini (Flavii) compendium Bullarii , à Laertio patre
Cherubino nuper editi. Lugduni*, 1624 , 1 vol. in-4.º

Cherubini (Flavii) romani compendium bullarii. Lugd.,
1624 , 2 vol. in-4.º

*Christian (A) directory, and cases of conscience , by R.
Baxter. London*, 1678 , 1 vol. in-fol.

Christianisme (le) raisonnable, traduit de Locke, par Coste. Amsterdam, 1740, 2 vol. in-12.

Chrysostomi (S. Joannis) opera omnia quæ exstant. Parisiis, 1718, 13 vol. in-fol.

Cité (la) mystique de Dieu, par Thomas Croset. Bruxelles, 1715, 3 vol. in-4.º

Clementis Alexandrini opera omnia. Parisiis, 1612, 1 v. in-fol.

Clementina sive opera Clementis romani martyris atque philosophi. Coloniæ, 1569, 1 vol. in-4.º

Clergyman's (the) vade-mecum. London, 1721, 2 v. in-12.

Cælii Lactantii Firmianii, libri ad S. theologiam. Basileæ, 1521, 1 vol. in-8.º

Cælii Lactantii divinarum institutionum libri VII. Basileæ, 1524, 1 vol. in-4.º

Cælii Rhodrigini lectionum antiquarum, libri XXX.

Commentaire littéral sur la Genèse, par de Carrières. Nancy, 1738, 22 vol. in-12.

Commentaire littéral sur le Nouveau Testament, par de Carrières. Nancy, 1740, 6 vol. in-12.

Commentaire littéral sur tous les livres du Nouveau Testament, par Calmet. Paris, 1724, 9 vol. in-fol.

Commentaire sur la règle de saint Benoît, par Mege. Paris, 1687, 1 vol. in-4.º

Commentaria divi Hieronymi in Matthæum, Marcum et in divi Pauli epistolas. Parisiis, 1534, 1 vol in-fol.

Commentaria in regulam sancti Benedicti, per Perez. Lugduni, 1625, 1 vol. in-4.º

Commentaria Joannis Cochlæi de actis, et scriptis Martini Lutheri saxonis. Wormaciæ, 1549, 1 vol. in-4.º

Commentarius de D. N. Jesu Christi festis, per cardinalem Lambertinum. Lovanii, 1741, 3 vol. in-8.º

Commentarius in regulam sancti Benedicti, per Cara-
muel. Brugis, 1640, 1 vol. in-4.º.

Commentary (a) of the revelation of Jesus-Christ, by
Phelper. London, 1678, 1 vol. in-8.º

Communion (de la fréquente), ou les sentiments des
. Papes et des Conciles en cette matière, par Arnauld.
Lyon, 1696, 1 vol. in-8.º

Concilia antiqua Galliæ cum supplemento. Lutetiæ, 1629,
4 vol. in-fol.

Conciliorum antiquorum à Sigmondo editorum supple-
mentum, per de la Lande. Lutetiæ, 1666, 1 vol. in-fol.

Concilia Britannica, per Spelman. Londini, 1639, 1 v.
in-4.º

Concilia generalia ecclesiæ catholicæ, Pauli V. Pont. max.
auctoritate edita. Romæ, 1608, 4 vol. in-fol.

Concilia generalia et provincialia. Coloniæ, 1606, 5 vol.
in-fol.

Concilia græco-latina generalia et provincialia, per Seve-
rinum. Coloniæ, 1618, 8 vol. in fol.

Concilia novissima Galliæ, per Odespun. Parisiis, 1646,
1 vol. in-fol.

Concilii Tridentini canones et decreta. Lugduni, 1685,
1 vol. in-12.

Conciliorum Hispaniæ collectio, per Garciam Loaisam.
Madriti, 1593, 1 vol. in-4.º

Conciliorum quatuor generalium libri II, per.... Co-
loniæ, 1630, 1 vol. in-4.º

Concilium sanctum Tridentinum, additis declarationi-
bus cardinalium, per Gallemart. Lugduni, 1676, 1 vol.
in-8.º

Concilium romanum in sanctâ Laterensi Basilicâ celebra-
tum. Bruxellis, 1726, 1 vol. in-12.

Concionum in quadragesimam liber, per de Lingender. Paris, 1664, 2 vol. in-8.º

Concordantiæ bibliorum utriusque Testamenti, per Fr. Lucam adnotatæ. Antverpiæ, 1712, 1 vol. in-4.º

Conférence avec M. Claude sur la matière de l'Église, par Bossuet. Lille, 1710, 1 vol. in-12.

Conférences ecclésiastiques d'Angers sur le Baptême, les contrats, etc., par Babin. Angers, 1755, 5 vol. in-8.º

Conférences ecclésiastiques d'Angers sur la grâce. Angers, 1755, 2 vol. in-8.º

Conférences ecclésiastiques d'Angers sur les cas réservés, par Babin. Angers, 1755, 2 vol. in-8.º

Conférences ecclésiastiques d'Angers sur les Commandements, par Babin. Angers, 1755, 2 vol. in-8.º

Conférences ecclésiastiques d'Angers sur la Pénitence, par Babin. Angers, 1758, 1 vol. in-8.º

Conférences ecclésiastiques d'Angers sur les Lois, par.... Angers, 1758, 1 vol. in-8.º

Conférences ecclésiastiques d'Angers sur le Mariage, par Babin. Angers, 1755, 1 vol. in-8.º

Conférences ecclésiastiques d'Angers sur les Sacrements en général, par Babin. Angers, 1755, 1 vol. in-8.º

Conférence ecclésiastique de Paris sur l'usure et la restitution, par.... Paris, 1740, 5 vol. in-8.º

Conférences ecclésiastiques de Paris sur le Mariage. Paris, 1715, 5 vol. in-8.º

Conférences ecclésiastiques sur le sacrement de l'Ordre, par Babin. Angers, 1755, 1 vol. in-8.º

Conférences ecclésiastiques du diocèse d'Agde, par.... Lyon, 1695, 2 vol. in-12.

Conférence de la mère Angélique de St.-Jean. Utrecht, 1760, 3 vol. in-8.º

Conférences des nouvelles ordonnances de Louis XIV,
par Bornies. Paris, 1703, 2 vol. in-4.º

Conférences théologiques et morales sur la vie religieuse,
par Desvillars. Lyon, 1763, 2 vol. in-8.º

Conférences théologiques sur la grandeur de Jésus-Christ,
par d'Argentan. Avignon, 1752, 1 vol. in-4.º

Confessio Augustiniana, in libris IV. Dilingœ, 1559,
1 vol. in-4.º

Confutatio Joannœ papissœ, per de La Salle. Lovanii, 1633,
1 vol. in-12.

Constitutionibus (de) Apostolicis, per Clementem Romanum, libri VII. Parisiis, 1564, 1 vol. in-12.

Constitutio Unigenitus theologicè propugnata, per....
Romœ, 1717, 3 vol. in-fol.

Corona stellarum seu orationes sacratissimœ, per Martam.
Insulis, 1687, 1 vol. in-8.º

Croyance de l'Église grecque sur la transsubstantiation.
Paris, 1675, 1 vol. in-12.

Crux triumphans et gloriosa, per Bosium. Antverpiœ,
1617, 1 vol. in-fol.

Cypriani (divi) opera. Antverpiœ, 1568, 1 vol. in-fol.

Cyrilli (divi) opera omnia. Parisiis, 1605, 2 vol. in-fol.

Damasceni (sancti Joannis) opera. Parisiis, 1577, 1 vol.
in-fol.

Damiani (Petri) monachi opera. Rome, 1606, 1 v. in-4.º

Daniel proph., traduit en français avec explication, par
de Sacy. Bruxelles, 1700, 1 vol. in-12.

Decisiones Capellœ Tolosœ, per Aufrerium. Lugduni, 1538,
1 vol. in-8.º

Défense de la Religion et de la Morale, par Richard.
Paris, 1775, 1 vol. in-8.º

Défense de l'Église et des souverains Pontifes, par Germain. Liège, 1696, 1 vol. in-12.

Défense de l'Église contre M. Claude. Cologne, 1689, 1 vol. in-12.

Défense des deux Brefs de N. S. P. le pape Innocent XII, par Dumanoir. Douai, 1697, 1 vol. in-12.

Défense du texte hébreu de la version vulgate, par Lequien. Paris, 1690, 1 vol. in-12.

Deharuenc (D. Ph.) ab Eleemosinâ opera. Duaci, 1620, 1 vol. in-4.º

Deutéronome (le) traduit en français, avec explication, par de Sacy. Bruxelles, 1700, 1 vol. in-12.

Deux derniers (les) livres des Rois, avec explication, par de Sacy. Bruxelles, 1700, 1 vol. in-12.

Devoirs de la vie monastique, par de La Trappe. Paris, 1683, 2 vol. in-12.

Dictionnaire apostolique, par de Montargon. Paris, 1767, 9 vol. in-8.º

Dictionnaire de la Bible (le grand), par Simon, docteur en théologie. Lyon, 1703, 2 vol. in-fol.

Dictionnaire des cas de conscience, par Pontas. Paris, 1734, 3 vol. in-fol.

Dictionnaire historique, critique, chronologique, géographique et littéral de la Bible, par Calmet. Paris, 1722, 4 vol. in-fol.

Dictionnaire moral. Paris, 1700, 6 vol. in-8.º

Dictionnaire universel des sciences ecclésiastiques, par Richard. Paris, 1760, 6 vol. in-fol.

Dilucidatio speculi apologetici in fratres Minores, per Galitium. Antverpiæ, 1653, 1 vol. in-8.º

Dinellii, Vincentii, Mariæ, theologicæ epistolæ. Romæ, 1753, 1 vol. in-8.º

Dionysii Areopagitæ opera. Parisiis, 1515, 1 vol. in-4.º

Dionysii divi commentarium opus. Parisiis, 1553, 2 vol. in-folio.

Dionysii carthusiani in quatuor evangelistas enarrationes præclaræ admodum. Parisiis, 1539, 1 vol. in-4.º

Disciplina vetus ac nova ecclesiæ circa beneficia, per Thomassinum. Parisiis, 1688, 1 vol. in-folio.

Discours sur les ordres sacrés, par Godeau. Paris, 1658, 1 vol. in-12.

Disputationes theologicæ de Deo per Alph. Coen Winoci-Bergensem. Ipris, 1686, 1 vol. in-folio.

Dissertationes historicæ et theologicæ in sanctum Thomam, per Nat. Alexandrinum. Parisiis, 1680, 1 vol. in-8.º

Dissertations ou prolégomènes de l'Écriture sainte, par Calmet. Paris, 1720, 3 vol. in-4.º

Divinis (de) catholicæ ecclesiæ officiis..... Parisiis, 1624, 1 vol. in-folio.

Doctrina sancti Concilii tridentini, per Bellarinum. Rothomagi, 1666, 1 vol. in-12.

Doctrine de l'Écriture sur les guérisons miraculeuses.... 1754, 1 vol. in-12.

Douze (les) petits prophètes, avec explication, par de Sacy. Paris, 1679, 1 vol. in-8.º

Drexelii opera spiritualia. Duaci, 1636, 2 vol. in-4.º

Ebauche de la religion naturelle, par Wallasson. La Haye, 1726, 1 vol. in-4.º

Ecclesiasticæ historiæ auctores, per..... Basileæ, 1549, 1 vol. in-folio.

Ecclésiaste (l'), traduit, avec explication, par de Sacy. Paris, 1694, 1 vol. in-12.

Eclaircissements sur l'autorité des conciles et des papes. 1740, 1 vol. in-8.º

Eglise militante, ou la cité de Dieu, par Mars. Tournai, 1686, 1 vol. in-8.º

Elévation à Dieu sur les saints mystères, par Bossuet. Paris, 1725, 1 vol. in-12.

Eloges historiques des saints, par.... Paris, 1726, 4 vol. in-12.

Elucidatio brevis rubricarum breviarii romani, per Am. Belver relig. Abb. sancti Winoci. Manuscrit, 1 vol. in-8.º

Enchiridion scripturitticum tripartitum didaci. Bruxellis, 1745, 4 vol. in-8.º

Entretiens de saint François de Sales. Paris, 1682, 1 vol. in-12.

Ephraem Syri (sancti Patris) opera omnia. Antverpiæ, 1619, 1 vol. in-folio.

Epiphanii divi opera. Parisiis, 1564, 1 vol. in-folio.

Epiphani sancti opera omnia. Parisiis, 1622, 2 vol. in-folio.

Epistolæ et vita divi Thomæ... Bruxellis, 1682, 1 vol. in-8.º

Epitome Annalium ecclesiasticorum, per Baronium. Coloniæ Agrippinæ, 1602, 2 vol. in-4.º

Epitome commentariorum Guil. Estii Theodoctoris. Lovanii, 1619, 1 vol. in-8.º

Epître de saint Paul aux Romains. Bruxelles, 1709, 4 vol. in-12.

Epîtres catholiques, avec explication par de Sacy. Bruxelles, 1703, 1 vol. in-12.

Epîtres de saint François de Sales. Paris, 1686, 2 vol. in-12.

Epîtres de saint Paul et l'Apocalypse. Paris, 1687, 1 vol. in-4.º

2

Equité de la constitution *Unigenitus*, etc. Bruxelles,
1715, 1 vol. in-8.º

Errores Danielis Paperochii contra Christi Dom. pauper-
tatem, per Sebastianum a sancto Paulo. Coloniæ, 1693,
1 vol. in-4.º

Esdras et Néhémias, avec explications, par de Sacy.
Paris, 1693, 1 vol. in-12.

Esprit (l') de Gerson, ou instructions catholiques, par ....
1691, 1 vol. in-12.

Esprit (l') de la Ligue, par.... Paris, 1767, 3 vol.
in-12.

Esprit de saint François de Sales, par.... Paris, 1744,
1 vol. in-8.º

Essai de Panégyriques pour les fêtes des Saints, par.....
Paris, 1692, 4 vol. in-8.º

Essai de sermons, par...... Paris, 1685, 1 vol. in-8.º

Eucherii Lugdunensis episcopi elucubrationes in Genesim,
in libros Regum et alia... Basileæ, 1531, 1 vol. in-4.º

Eusebii, rev. pat. Joannis, scripturæ stremata. Lugduni,
1642, 1 vol. in-folio.

Eusebius de evangelica preparatione, per Georgium tra-
pezuntium, è græco in latinum traductus. Moguntiæ,
1522, 1 vol. in 4.º

Evangile (le saint) avec explication, par..... Bruxelles,
1701, 5 vol. in-12.

Evangelium sanctum secundum Matthæum, Marcum,
Lucam et Joannem sicut et acta apostolorum. Lovanii,
1569, 1 vol. in-4.º

Examen et résolutions des principales difficultés dans les
saints mystères..... Paris, 1752, 1 vol. in-12.

Explications de plusieurs textes difficiles de l'écriture...
Paris, 1730, 1 vol. in-4.º

Examen confessariorum, *per Schoonarts. Antverpiæ*, 1722, 1 vol. in-12.

Exhortations chrétiennes de Bourdaloue. Lyon, 1721, 2 vol. in-12.

Exhortations morales, par........ Bruxelles, 1717, 2 vol. in-12.

Exode (l') et le Lévitique, par de Sacy. Paris, 1692, 1 vol. in-12.

Explication de St. Augustin sur le nouveau Testament. Paris, 1675, 2 vol. in-8.º

Explication des maximes des saints, par Fénélon. Bruxelles, 1698, 1 vol. in-12.

Explication littérale des épitres de saint Paul à Philémon et aux Hébreux. Paris, 1684, 1 vol. in-8.º

Expositio in epistolas beati Pauli apostoli, per Politianum. Monachii, 1677, 1 vol. in-folio.

Exposition de la doctrine de l'église catholique, par Bossuet. Paris, 1686, 1 vol. in-12.

Expositio patrum Græcorum in psalmos, per Corderium. Antverpiæ. 1637, 1 vol. in-folio.

Extrait des assertions pernicieuses de tout genre..... Paris, 1762, 4 vol. in-12.

Ezéchiel traduit avec explications par de Sacy. Bruxelles, 1698, 1 vol. in-12.

Festa sanctorum ordinis sancti Benedicti..... Manuscrit.

Fleurs (les) des vies des Saints, par Bonnefons. Paris, 1721, 3 vol. in-8.º

Fleurs des vies des Saints, par Martin. Paris, 1636, 1 vol. in-fol.

Flores exemplorum sive catechismus historialis, per Dauroultium. Duaci, 1616, 1 vol. in-12.

*Flos, seu vitæ et res gestæ Sanctorum, per Ribadineiram.
Coloniæ*, 1630, 1 vol. in-folio.

Forty sermons, by Allistrec. London, 1684... 1 vol.
in-4.º

*Francisci Beati Assisiatis omnia quæcumque exstant
opuscula. Antverpiæ*, 1633, 1 vol. in-8.º

*Fondamenta XII sancti ordinis Franciscorum, per Mar-
chant. Antverpiæ*, 1657, 1 vol. in-4.º

Genebrardus in cantica et de sancta Trinitate. Parisiis,
1585, 1 vol. in-12.

Genèse (la) traduite par de Sacy. Bruxelles, 1698, 2 vol.
in-12.

*Georgii Pachymeræ in Dionysium Areopagitam para-
phrasis. Parisiis*, 1538, 1 vol. in-8.º

Grandeurs (les) de l'Eucharistie, par de St.-Martin. Douai,
1688, 1 vol. in-12.

Gregorii magni papæ I opera... Parisiis, 1640, 2 vol.
in-folio.

Gregorii Nazianzeni orationes XXX. Basileæ, 1531,
1 vol. in-folio.

Gregorii Beati Nysseni episcopi opera. Parisiis, 1605,
1 vol. in-folio.

Hérésie nouvelle dans la morale des Jésuites, par...
Cologne, 1690... 1 vol. in-12.

Heroidum sacrarum libri III, per Eburonem. Lovanii,
1574, 1 vol. in-12.

Hieronymi stridonensis opera omnia Parisiis, 1609,
11 vol. in-folio.

*Hieronymi divi in Salomonem, Ecclesiasten et Job com-
mentarii. Basileæ*, 1516, 1 vol. in-folio.

Hieronymus ad Heustachium de virginitate servanda. Manuscrit, 1 vol. in-12. *Écrit sur vélin à longues lignes tracées
en violet (provenant de l'abb. St Winoc) Relié du XVIe siècle;
elle porte les armes de Jean Mofflin, abbé de St Winoc en 1585;
sur les premières feuillets se trouvent d'autres armoiries peintes
à la main.
Les lettres initiales sont toutes dorées et coloriées; plusieurs
sac — sont en ... de peinture assez ...*

Hierosolymitani Joannis opera omnia... *Bruxellæ*, 1643, 1 vol. in-folio.

Hilarii divi elucubrationes.... *Basileæ*, 1550, 1 vol. in-folio.

Histoire critique du nouveau Testament, par le père Simon. Rotterdam, 1690... 5 vol. in-4.º

Homélies ou sermons par saint Jean-Chrysostome. Paris, 1673, 1 vol. in-8.º

Horæ de sanctá cruce. Manuscrit illustré, 1485, 1 vol. in-8.º

Jansenii Cornelii opera... *Antverpiæ*, 1709, 1 vol. in-8.º

Jansenii Leerdamensis yprensis episcospi commentarius in evangelia. Lugduni, 1676, 1 vol. in-4.º

Jansenii Cornelii yprensis episcopi Pentateuchus in quinque libros Moïsis. Lovanii, 1641, 1 vol. in-4.º

Jansenii Cornelii yprensis episcopi de Pelagii heresibus liber. Lovanii, 1640, 1 vol. in-folio.

Idea vera theologiæ, per Gisbertum. Parisiis, 1689, 1 vol. in-12.

Idée (l') du parfait inférieur ou l'art d'obéir. Clermont, 1671, 1 vol. in-4.º

Jérémie traduit en français, avec explications, par de Sacy. Paris, 1690, 1 vol. in-8.º

Image d'une parfaite religieuse, par..... Paris, 1693, 1 vol. in-12.

Imago primi sæculi societatis Jesu, per... *Antverpiæ*, 1640, 1 vol. in-folio.

Innocentii divi pontificis opera... *Coloniæ*, 1542, 1 vol. in-4.º

Innocentii tertii epistolarum libri IV... *Tholosæ*, 1635, 1 vol. in-folio.

Institutione (de) *et obligatione horarum canonicarum ,
per Bonartium. Duaci*, 1624.... 1 vol. in-12.

*Institutiones ecclesiasticæ Benedicti XIV , Pontificis.
Lovanii*, 1741, 2 vol. in-8.º

*Institutiones theologicæ ad usum semenariorum , per Col-
let. Lugduni*, 1768, 14 vol. in-12.

Institutions ecclésiastiques et bénéficiales, par Gibert.
Paris, 1720, 1 vol. in-4.º

Instructiones à sancto Carolo Borromæo. Lovanii, 1701 ,
1 vol. in-12.

Instruction religieuse de saint Charles Borromée. Namur,
1736, 1 vol. in-12.

Instructions chrétiennes sur les mystères...... Paris,
1673, 1 vol. in-8.º

Instruction de saint Dorothée, père de l'église grecque.
Paris, 1686, 1 vol. in-8.º

Instructions du rituel du Diocèse d'Alet, par... Lyon,
1690, 1 vol. in-12.

Instruction for the Wole year for Sundays, by Gother...
1726, 2 vol. in-12.

Instructions pastorales de monseigneur l'archevêque de
Cambrai. Cambrai, 1714, 3 vol. in-12.

Instructions pastorales de MM. Bossuet et de Noailles.
Lille..... 2 vol. in-12.

Instructions pastorales de monseigneur l'évêque de Soissons. Paris, 1719, 1 vol. in-4.º

Instructions sur les vérités de la religion, par..... Neuf-
château, 1775, 1 vol. in-12.

Instructions théologiques et morales sur le symbole, par
Nicole. Paris, 1706, 2 vol. in-18.

*Joannis ab Ananiâ in Libris V Decretalium prælectiones.
Lugduni*, 1546, 1 vol. in-folio.

Job, traduit en français, par de Sacy. Paris, 1695,
1 vol. in-12.

*Josuæ imperatoris historia illustrata atque explicata, per
Masium. Antverpiæ*, 1574, 1 vol. in-folio.

Josuë et Ruth, traduits avec explications par de Sacy.
Paris, 1687, 2 vol. in-8.º

Isaïe traduit en français avec explications, par de Sacy.
Lyon, 1682, 1 vol. in-8.º

Isidori sancti Hispalensis episcopi opera. Coloniæ, 1617,
1 vol. in-8.º

Introduction à l'écriture sainte du latin de M. Lamy.
Lyon, 1711, 1 vol. in-12.

Justini sancti philosophi et martyris opera. Haidelbergæ,
1593, 1 vol. in-folio.

Kerck postille ofte predicatien door Selesium. Amsterdam,
1621, 1 vol. in-4.º

*Laudibus (de) sanctæ crucis, per Maurum. Augustæ Vin-
delicorum*, 1605... 1 vol. in-4.º

*Lectiones paræneticæ sancti Francisci, per Cronsert.
Coloniæ*, 1625, 1 vol. in-8.º

*Legatio ecclesiæ triumphantis ad militantem, per...
Antverpiæ*, 1638, 1 vol. in-folio.

*Legendæ Sanctorum, per Jacobum ex ordine fratrum præ-
dicatorum.* Manuscrit, 1 vol. in-folio.

Leonis divi opera. Coloniæ Agrippinæ, 1561, 1 vol.
in-folio.

Leonis papæ hujus nominis primi opera. Coloniæ, 1646,
1 vol. in-4.º

*Leonis sancti magni opera omnia, per Thom. Cacciarum.
Romæ*, 1753, 3 vol. in-folio.

Lettres à une illustre morte, décédée en Pologne...
Paris, 1770, 1 vol. in-12.

Lettres de saint Jérôme... Paris, 1679... 1 vol. in-12.

Liberalitate (de) christiana libri XV, per Lensæum biblio-lanum. Antverpiæ, 1590... 1 vol. in-12.

Liber Job vulgatæ editionis cum notis elucidatus, per Smits. Antverpiæ, 1751, 1 vol. in-8.º

Liber profectuum religiosorum... Editio antiqua. 1 vol. in-18.

Liber Tobiæ, Judith et Esther cum notis elucidatus, per Smits. Antverpiæ, 1750, 1 vol. in-8.º

Lignum vitæ, per Wion. Venetiis, 1695, 1 vol. in-8.º

Lipomani Bergamensis episcopi de vitis Sanctorum Liber. ...1 vol. in-8.º

Liturgia seu liber precum communium ad usum Ecclesiæ. Londini, 1696, 1 vol. in-12.

Liturgica latinæ ecclesiæ; per Jacobum Samelium. Coloniæ Agrippinæ, 1571, 2 vol. in-8.º

Livres anglais traitant de religion, par différents auteurs... 4 vol. in-8.º

Livre de piété en langue arménienne, par..... 1 vol. in-8.º

Lombardi episcopi sententiarum libri IV. Parisiis, 1564, 1 vol. in-12.

Lucis evangelicæ sub velo sacrorum emblematum reconditæ Liber, per Engelgrave. Coloniæ, 1657, 1 vol. in-4.º

Machabées (les) traduits avec explication, par de Sacy. Paris, 1698, 1 vol. in-12.

Mandement de monseigneur l'évêque de Mirepoix, par... Paris, 1719, 1 vol. in-4.º

Mandement et instruction pastorale de Monseigneur l'évêque de Boulogne. Paris, 1724,...... 1 vol. in-4.º

Manna communantium, per Just. ab Assumptione. Duaci, 1660, 1 vol. in-8.º

*Manuale pastorum ad uniformem sacramentorum admi-
nistrationem. Ypris*, 1736 , 1 vol. in-12.

Manuale verborum Dei nostri J.-Christi.... Manuscrit,
1 vol. in-12.

Mariale symbolicum, per Fritsch... (Allemand)...1737,
1 vol. in-8.º

*Martyrologium romanum, Gregorii jussu, per Ces. Baro-
nium editum. Coloniæ*, 1610 , 1 vol. in-8.º

*Martyrologium romanum, per Baronium Soranum. Mo-
guntiæ*, 1631 , 1 vol. in-4.º

Martyrologium romanum, per Baronium. Antverpiæ,
1589 , 1 vol. in-folio.

Martyrologium romanum, per Usuardum. Lovanii, 1568,
1 vol. in-12.

Maximes chrétiennes et morales, par Armand Jean. Paris,
1741 , 2 vol. in-12.

Maximes du droit canonique de France, par Dubois et
Simon. Paris, 1686 , 2 vol. in-12.

Méditations sur la passion de Notre Seigneur Jésus-
Christ. Manuscrit flamand très-ancien et illustré, 1 vol.
in-18.

Méditations sur l'Évangile, par Bossuet. Paris, 1731,
3 vol. in-12.

Mémoire démontrant que l'appel interjetté de la bulle
Unigenitus au futur concile est insoutenable... 1718,
1 vol. in-4.º

*Menologium sive regula ordinis Cistertiensis, per Henri-
quez. Antverpiæ*, 1630 , 1 vol. in-folio.

*Mente (de) concilii tridentini circa gratiam, per Gratia-
num. Antverpiæ*, 1717 , 1 vol. in-8.º

Miscellanea spiritualia (liv. anglais), par Montagu. London , 1648 , 1 vol. in-8.º

Missale ad verum Trajectensis ecclesiæ ritum. Antverpiæ,
1511, 1 vol. in-4.º

Missale ad usum insignis ecclesiæ Tornacensis, per Christophorum ruremundensem. Tornaci, 1527, 1 vol. in-4.º

Missale romanum Pii V pontificis jussu editum... Lutetiæ, 1628, 1 vol. in-8.º

Missionnaire (le) apostolique, par de Toulouse. Paris,
1682, 1 vol. in-8º

Missionarius in suis excursionibus, per Tiran. Lugduni,
1692, 1 vol. in-8.º

Mizaldi Antonii monsluciani cometographia. Parisiis,
1549, 1 vol. in-8.º

Mystères du royaume de Dieu, par Mart. Douai, 1691,
1 vol. in-8.º

Nicephori Callisti Libri XVIII. Basileæ, 1541, 1 vol.
in-folio.

Nombres (les) traduits en français, par de Sacy. Paris,
1697, 1 vol. in-12.

Notes sur le concile de Trente, par... Cologne, 1706,
1 vol. in-8.º

*Notitia conciliorum sanctæ ecclesiæ, per Cabassutium.
Lugduni,* 1670, 1 vol. in-8.º

Obligation des ecclésiastiques, par.... Rouen, 1694,
1 vol. in-12.

Obras (las) de S. Madre Therese de Jesu... Anveres,
1649, 1 vol. in-8.º

Observations nouvelles sur le texte du nouveau Testament, par... Paris, 1695, 1 vol. in-4.º

OEconomia sacra sapientiæ increatæ, per Bottens. Brugis, 1687, 3 vol. in-12.

*OEconomia methodica concordantiarum scripturæ sacræ,
per Georgium Bullocum. Antverpiæ,* 1572, 1 vol.
in-folio.

OEuvres de saint François de Sales.... Paris, 1647, 2 vol. in-f.º

OEuvres de Bossuet. Paris, 1772, 6 vol. in-4.º

OEuvres spirituelles du père Lallemant. Paris, 1714... 13 vol. in-12.

OEuvres spirituelles de Fénelon..... 1740, 3 vol. in-12.

OEuvres spirituelles de MM. Delacroix et le père Maillard. Paris, 1694..... 1 vol. in-fol.

Office divin pour les dimanches et fêtes de l'année..... Paris, 1728, 3 vol. in-8.º

Officia propria ordinis fratrum benedictinorum in monasterio nostro sancti Winoci. 1692, manuscrit, 1 v. in-8.º

Officio (de) sacerdotis, per Dujardin. Gandavi, 1 vol. in-8.º

Optati sancti de schismate donatistarum Libri VII, per Dupin. Antverpiæ, 1702, 1 vol. in-folio.

Oraisons funèbres de Fléchier..... Paris, 1740, 1 vol. in-12.

Oraisons funèbres de Mascaron..... Paris, 1740, 1 vol. in-12.

Ordre de l'Église, sa primauté, etc... par Bernard. Paris, 1735, 1 vol. in-12.

Oriens christianus, per Mich. Lequien. Parisiis, 1740, 3 vol. in-folio.

Osii divi Stanislai in concilio Tridentini opera. Antverpiæ, 1566, 1 vol. in-4.º

Paix de Clément IX avec Louis XIV. Chambéry, 1700, 1 vol. in-12.

Palais (le) de l'amour divin, par... Paris, 1613, 1 vol. in-4.º

Panégyriques des saints, par Biroat. Lyon, 1682, 3 vol. in-8.º

Panégyriques des saints, par Bourrée. Lyon, 1702,
1 vol. in-12.

Panégyriques des saints, par de la Roche. Paris, 1724,
2 vol. in-12.

Panégyriques des saints, par Rounat. Lyon, 1691, 2 vol.
in-8.º

Panégyriques des saints, par Senault. Paris, 1658,
3 vol. in-4.º

Panégyriques et sermons, par Fléchier. Paris, 1696,
2 vol. in-12.

Panégyriques pour les fêtes de l'année, par Bellefons.
Paris, 1699, 2 vol. in-12.

Panégyriques sur les Mystères de la très-sainte Vierge,
par Nicolas de Dyon. Lyon, 1687, 1 vol. in-8.º

*Paradysus animæ christianæ, per Borstium. Coloniæ
Agrippinæ,* 1670, 1 vol. in-8.º

Paralypoménes (les) traduits avec explication, par de
Sacy. Bruxelles, 1698, 1 vol. in-12.

Pars'secunda operum Beati Ambrosii. Editio antiqua...
1 vol. in-8.º

Pastorale regularium, per de Urrutigeitum. Lugduni,
1755, 1 vol. in-folio.

*Pauli Diaconi emeritensis liber de vitis etc., etc... Ant-
verpiæ,* 1638, 1 vol. in-8.º

Peintures sacrées sur la Bible, par Girard. Paris, 1696,
3 vol. in-12.

*Pentateuchus seu quinque Libri Moysis vulgatæ editionis,
per Smits. Antverpiæ,* 1753, 3 vol. in-8.º

Perpétuité de la foi de l'Église catholique. Paris, 1669,
2 vol. in-12.

*Perroniana sive excerpta ex ore cardinalis Perronii.
Genevæ,* 1669, 1 vol. in-12.

Petri sancti assertum privilegium, per Christianum Lupum. Moguntiœ, 1681, 1 vol. in-8.º

Petri Lombardi episcopi parisiensis sententiarum libri IV. Lovanii, 1553, 1 vol. in-4.º

Phantosme du jansénisme avec l'histoire de cette erreur. Cologne, 1688, 1 vol. in-12.

Pistorii Aloysii Lipomani de vitis sanctorum pars I. Lovanii, 1564, 1 vol. in-4.º

Plusieurs ouvrages anglais traitant de religion... 26 vol. in-8.º

Polyanthea Mariana, per Maraccy. Coloniœ Agrippinœ, 1683, 1 vol. in-4.º

Pondus sanctuarii, per Cornelium Bartholomœum. Brugis, 1651, 1 vol. in-8.º

Postilla Guillermi super epistolas et evangelia, per... Basileœ, 1509, 1 vol. in-4.º

Postilla of te verclaeringhen over de evangelien door artus Velten... Amsterdam, 1677, 1 vol. in-8.º

Pouille générale contenant les bénéfices de l'Archevêché de Paris. Paris, 1648, 1 vol. in-4.º

Prœlectiones theologicœ de Deo, per Honoratum Tournely. Parisiis, 1741, 18 vol. in-8.º

Prœlectiones theologicœ de variis, per Honoratum Tournely. Parisiis, 1739, 29 vol. in-8.º

Preuves de la religion de Jésus-Christ, par... Paris, 1754, 5 vol. in-12.

Prières et instructions chrétiennes, par... Paris, 1735, 1 vol. in-12.

Primer (the) or office of the Virgin Mary, by.... 1732, 1 vol. in-12.

Principes discutés en matière de religion, par... Paris, 1755, 8 vol. in-12.

Promptuarium morale super evangelia, per Stapletonum.
Antverpiæ, 1593, 1 vol. in–12.

Prosperi divi quæcumque opera. Lovanii, 1566, 1 vol. in-4.⁰

Prosperi divi opera accurata... Duaci, 1577, 1 vol. in-8.⁰

Proverbes de Salomon, traduits par de Sacy. Paris, 1689, 1 vol. in-12.

Psalmorum Davidis regis Liber quo arabica verba latinæ interpretationi sub lineis junguntur. Romæ, 1614, 1 vol. in-4.⁰

Psalmorum versio nova, per... Parisiis, 1742, 1 vol. in-12.

Psalterium per hebdomadam cum ordinariis de tempore officiis... 1 vol. in-8.⁰

Psalterium vulgatum notis præclarè elucidatum, per Smits. Antverpiæ, 1744, 2 vol. in-8.⁰

Psaumes de David, traduits avec explication par de Sacy, Paris, 1790, 3 vol. in-12.

Quaresmii Francisci Minoris elucidatio terræ sanctæ. Antverpiæ, 1639, 1 vol. in-folio.

Questione (de) novâ tractatus tres, per Bossuet. Parisiis, 1698, 1 vol. in-8.⁰

Quibus horis aut quo ordine divina peragantur. Manuscrit, 1 vol. in-4.⁰

Rationale divinorum officiorum, per Bonetum de Locatelles. Lugduni, 1508... 1 vol. in-4.⁰

Recueil des oraisons funèbres de Bossuet. Paris, 1741, 1 vol. in-12.

Recueil nouveau des ouvrages de Mgr. l'évêque de Soissons. Reims, 1721, 2 vol. in-4.⁰

Registrum florigerum librorum beati Ambrosii. Basileæ, 1506, 1 vol. in-4.⁰

Règle de l'ordre de St.-Benoît, par .... Paris, 1703.

Regula sancti Benedicti, per Deturre. Coloniæ, 1575, 1 vol. in-4.º

Regula ad monachos, per .... 1 vol. in-4.º, manuscrit.

Regulæ communes societatis Jesu, per Nigronem. Coloniæ Agrippinæ, 1617, 1 vol. in-4.º

Résolution de plusieurs cas de conscience, par de Ste.-Beuve. Paris, 1692, 1 vol. in-4.º

Rituale ecclesiæ audomarensis, per de Tourves. Audomari, 1727, 1 vol. in-8.º

Rituel du diocèse de Boulogne, sous l'autorité de Mgr. l'évêque de Boulogne. 1750, 1 vol. in-4.º

Rule (the) of faith : or ad answer to the treatise, of J. Smith. London, 1676, 1 vol. in-8.º

Ruperti abbatis in Apocalypsim libri XII, nec non in Matthœum XIII libri. Parisiis, 1545, 2 vol. in-12.

Ruperti Tuicensis de voluntate et omnipotentiâ Dei libri II. Norimbergœ, 1524, 1 vol. in-12.

Sacro-Sancto (pro) missæ sacrificio adversus impiam anatomin liber, per Fabrum. Parisiis, 1564, 1 vol. in-4.º

Sadoleti episcopi Carpentaracti epistolarum libri XVI. Coloniæ, 1564, 1 vol. in-12.

Salviani episcopi massiliensis de vero judicio libri VIII. Romæ, 1564, 1 vol. in-4.º

Sanderi Antonii dissertatio parænetica. Bruxellæ, 1633, 1 vol. in-4.º

Sanderi Antonii elogia cardinalium. Lovanii, 1626, 1 v. in-8.º

Sapientia Vulgatæ editionis cum notis elucidata, per Smits. Antverpiæ, 1749, 2 vol. in-8.º

Schaat der catholique sermoenen, door Baccium Tiletanum. Antwerpen, 1597, 1 vol. in-4.º

Scholia in quatuor evangelia , per Emmanuelem. Lugd.,
1610 , 1 vol. in-4.º

*Scholirii Petri sermonum familiarium libri III , ab
Alberto Leroy commentariis illustrati. Hermopoli,*
1683 , 1 vol. in-4.º

Science universelle de la chaire , par .... Paris , 1710,
8 vol. in-12.

Scriptoribus (de) ecclesiasticis liber I , per .... Lovanii ,
1678 , 1 vol. in-12.

*Se gunda parte del tratado del amor de Dios al de Velazo.
Valencia , 1608 , 1 vol. in-8.º*

Sentences tirées de saint Augustin , par de Laval. Paris ,
1677 , 2 vol. in-12.

Sermones quatuor novissimarum , per .... Antverpiæ ,
1487 , 1 vol. in-8.º

Sermons choisis de Fénelon. Paris , 1744 , 1 vol. in-12.

Sermons de Bourdaloue. Lyon , 1707 , 13 vol. in-12.

Sermons de Bourdaloue , sur les mystères. Lyon, 1709,
2 vol. in-12.

Sermons des dimanches, par Bourdaloue. Paris , 1716,
4 vol. in-12.

Sermons de l'Octave du St.-Sacrement, et panégyriques
des Saints , par T. Baron. Paris , 1650 , 1 vol. in-4.º

Sermons de morale de Fléchier. Paris , 1731 , 2 vol. in-12.

Sermons pour le carême , par Biroat. Paris , 1668 , 1 vol.
in-8.º

Sermons sur toutes les fêtes du carême , par Bravaire.
Paris , 1633 , 1 vol. in-12.

Sermons for every sundag the Gaer. London , 3 vol. in-8.º

*Sermoenen (catholycke) op de evangelien, van de sondagen ,
door Franciscum Costerum priester. Antwerpen, 1606,*
1 vol. in-4.º

Signis (de) ecclesiæ Dei libri XXIV, per Thomam Bozium.
Coloniæ , 1592, 1 vol. in-8.º

Signis (de) prædestinationis , per Recupitum. Lugduni ,
1681 , 1 vol. in-4.º

Standt der Kercken door Merula. Leyden , 1639 , 1 v.
in-4.º

Statuta synodi diocæsanæ audomarensis, per . . . . Duaci,
1588, 1 vol. in-8.º

Statuta in synodis episcopatus yprensis. Antverpiæ ,
1673 , 1 vol. in-12.

Summa Angelica seu de casibus conscientiæ, per Ang. de
Clavirium. Venetiis, 1492, 2 vol. in-8.º

Summa omnium conciliorum et pontificum, per Carran-
zam. Parisiis, 1668, 1 vol. in-8.º

Synodus diocesana, per Benedicti XIV jussum edicta.
Lovanii , 1763, 4 vol. in-8.º

Synodorum generalium decreta et canones , per Christia-
num Lupum. Lovanii, 1665, 2 vol. in-4.º

Synodus audomarensis. 1 vol. in-8.º

Synopsis veteris Testamenti historica. Antverpiæ, 1698,
1 vol. in-12.

Synopsis variarum revolutionum in historiam sacram, per
Nicolle. Duaci, 1725, 1 vol. in-4.º

Testament (le nouveau), avec réflexions et remarques.
Bruxelles , 1702 , 4 vol. in-12.

Testament (het nieuw) met annotatien , door Aug. Marlo-
ratum. Amsterdam , 1608, 1 vol. in-4.º

Testament (het nieuw), door Franciscum Costerum, pries-
ter. Antverpen, 1614, 1 vol. in-4.º

Testament (the new) of our lord Jes.-Christ, by Tomson.
London , 1580 , 1 vol. in-12.

Testamentum novum arabicum, cum latinâ sublineariâ interpretatione. Romæ, 1591, 1 vol. in-4.º

Testamentum vetus ac novum græcum et hebraicum, cum latinâ sublineariâ interpretatione, per Bened. Ariam montanum hispalensem. Antverpiæ, 1584, 1 v. in-fol.

Testamentum novum græco-latinum, per Erasmum Roterdanum. Basileæ, 1535, 1 vol. in-4.º

Theatrum sacrum Dominicanum, per Fontanam. Romæ, 1666, 1 vol. in-fol.

Theatrum magnum vitæ humanæ, per Laurentium Beyerlynck. Coloniæ Agrippinæ, 1631, 7 vol. in-fol.

Theatrum terræ sanctæ cum tabulis geographicis, per Christianum Delphum. Coloniæ Agrippinæ, 1613, 1 v. in-fol.

Theodoreti Beati Cyprensis episcopi opera. Coloniæ Agrippinæ, 1573, 2 vol. in-fol.

Théologie morale, ou résolution des cas de conscience. Rouen, 1739, 9 vol. in-12.

Theologia moralis, pars IV. Antverpiæ, 1702, 1 v. in-12.

Theologia Damascena. Parisiis, 1509, 1 vol. in-8.º

Theologia dogmatica et moralis, per Alexandrum. Parisiis, 1694, 6 vol. in-8.º

Theologia speculativa et moralis, per J.-P. Pringue. Gandavi, 1743, 1 vol. in-8.º

Theologia universa in duos tomos divisa, per Neesen. Antverpiæ, 1707, 1 vol. in-fol.

Théologie morale des Jésuites et nouveaux Casuistes réfutés. Cologne, 1699, 4 vol. in-12.

Théologie naturelle de Raymond Sebon, traduite par de Montaigne. Paris, 1581, 1 vol. in-12.

Theophylacti in divi Pauli epistolas enarrationes. Antverpiæ, 1564, 1 vol. in-12.

Thesaurus Parochorum, per Joannem Murangon. Coloniæ Munantiæ , 1733, 1 vol. in-4.º

Thomæ à Kempis opera omnia , per P. Somnalium. Antverpiæ , 1607, 1 vol. in-8.º

Thomæ divi Aquinatis enarrationes. Parisiis , 1528, 1 vol. in-fol.

Thomæ divi Aquinatis summa contra Gentiles. Antverpiæ , 1612, 12 vol. in-fol.

Tirini, Jacobi, Antverpiani in sacram scripturam commentarius. Lugduni, 1723, 2 vol. in-fol.

Tobie , Judith et Esther , avec explication , par de Sacy. Paris, 1700, 1 vol. in-12.

Toleti Francisci instructio sacerdotum. Lugduni , 1679 , 1 vol. in-8.º

Traité de la perfection du chrétien , par le cardinal de Richelieu. Paris, 1646 , 1 vol. in-4.º

Traité de la pénitence , par Lefebure. Paris, 1691, 1 vol. in-4.º

Traité de la prédestination , par Lefebure. Paris , 1678, 1 vol. in-4.º

Traité de saint Augustin sur saint Jean. Paris, 1700, 3 vol. in-8.º

Traité de l'Eucharistie , par Chalneet. Paris, 1684 , 1 vol. in-12.

Traité de l'autorité ecclésiastique, par Dupin et Dinouart. Paris, 1768 , 3 vol. in-12.

Traité des dispenses en général , par Collet. Paris , 1762 , 3 vol. in-12.

Traité des dîmes en général , par.... Paris, 1731 , 2 vol. in-12.

Traité des curés primitifs suivant les décrets des conciles, par Furgole. Toulouse, 1736 , 1 vol. in-4.º

Traité du dernier jour de la vie des chrétiens , par Lefebure. Paris , 1691 , 1 vol. in-4.º

Traité du jugement dernier , par Lefebure. Paris , 1671 ,
1 vol. in-4.º

Traité du secret de la confession , par.... Paris , 1708 ,
1 vol. in-12.

*Trattato breve delle obbligazioni de Christiani , del dom
Armando le Boutillier di Ransé. In Pisa , 1708, 1 vol.
in-8.º*

Tradition de l'Eglise romaine sur la prédestination des
Saints. Cologne , 1687, 2 vol. in-12.

*Treatise (a) of three conversions of England from paganism
to christian religion. London, 1688, 1 vol. in-4.º*

*Triomph van de Christelycke Leeringe , door C. Hazaert.
Antwerpen, 1683 , 1 vol. in-4.º*

Vérité évidente de la religion chrétienne , par.... Paris ,
1694 , 1 vol. in-12.

Vérité de la religion catholique , par Desmaïs. Lille , 1710,
1 vol. in-8.º

*Vesperæ solemnes ad usum cantorum abbatiæ S. Winoci,
per de Villers. Dunkercæ , 1770 , 1 vol. in-fol.*

*Veterum analectorum varia opuscula ecclesiastica , per
Mabillonem. Lutetiæ, 1676 , 1 vol. in-8.º*

*Vivis Joannis Ludovici opuscula spiritualia ac profana.
Lovanii, 1513 , 1 vol. in-8.º*

Unité de l'Eglise , par Nicole.... Lille, 1709.

*Wegh der Volmacteys , door de H. Moeder Theresia van
Jesus... Gendt , 1697, 3 vol. in-4.º*

HISTOIRE.

Abavila Ludovici de bello germanico, *libri* **II**. *Antverpiæ*,
1550 , 1 vol. in–12.

Abrégé nouveau de l'Histoire générale des Turcs , par
Vanel. Paris , 1680 , 4 vol. in–12.

Abrégé nouveau de l'Histoire générale d'Espagne, par...
Paris , 1689 , 2 vol. in-12.

Abrégé chronologique de l'Histoire de France , par de
Mezeray. Amsterdam, 1700 , 7 vol. in-12.

Abrégé de l'Histoire ecclésiastique, par Fleury. Avignon,
1750 , 9 vol. in–12.

Abrégé de l'Histoire de l'ordre de Saint–Benoit. Paris ,
1688 , 2 vol. in-4.º

Actes et paroles remarquables des Romains , traduits de
Valère–Maxime par Simon de Hesdin et Nicolas de
Gonesse , terminés en 1401. 2 vol. in-fol.

*Anima historiæ in joncto Caroli V et Ferdinandi I, per
Masonium. Coloniæ*, 1672, 1 vol. in-8.º

Annales benedictini , per Bucelinum. Rhœtiæ , 1656.

*Annales ecclesiastici veteris testamenti , per Salianum.
Coloniæ*, 1680, 2 vol in-fol.

Annales ecclesiastici , per Baronium. Antverpiæ, 1670 ,
12 vol. in-fol.

*Annales fratrum minorum, per Hibernum Waddingum.
Lugduni* , 1625 , 2 vol. in-fol.

Annales politico-ecclesiastici, per Baronium. Roterdami,
1706, 3 vol. in-fol.

Antiquis de monachorum ritibus libri V, per Martene.
Eugduni, 1690, 1 vol. in-4.º

Antiquitate (de) ordinis sancti Benedicti in Angliâ, per
Reynerum. Duaci, 1626, 1 vol. in-fol.

Antiquité (l') en figures, par Montfaucon. Paris, 1719,
15 vol. in-fol.

Antiquités de Rome, par..... 1 vol. in-fol.

Antiquitatibus (de) judaicis libri XVII, nec non de bello
judaico libri VII, per Macœratum. Venetiis, 1502,
1 vol. in-4.º

Antonii divi chronicorum opus. Lugduni, 1596, 3 vol.
in-fol.

Apologie historique des deux Censeurs de Louvain et de
Douai sur la matière de la grace, par Gery. Cologne,
1688, 1 vol. in-12.

Asceticon sive originum rei monasticæ libri X, per Alte-
serram. Parisiis, 1674, 1 vol. in-4.º

Barlandi Adriani libri III de rebus gestis ducum
Brabantiæ. Lovanii, 1532, 1 vol. in-12.

Batailles mémorables livrées par les Français, par......
Paris, 1695, 2 vol. in-12.

Belli sacri historiæ libri XXIII, per Gulielmum Tyrium.
Basileæ, 1549, 1 vol. in-fol.

Bibliothèque historique, par....... La Haye, 1738,
13 vol. in-18.

Bocace, des accidens des princes et grands personnages,
depuis Adam jusqu'à Jean 1.ᵉʳ, roi de France. *Manuscrit*
illustré et très-ancien, 1 vol. in-fol.

Bocace, de la Consolation, traduit par Jean de Mehun,
sous le règne de Philippe IV, roi de France. *Manuscrit,*
1 vol. in-4.º

*Camerarii Davidis, Scoti, de Scotorum fortitudine libri
IV. Parisiis*, 1631, 1 vol. in-4.º

Campagne du Maréchal de Villars, en 1712, par Gayot
de Pitaval. Paris, 1713, 1 vol. in-12.

Catalogus gloriæ mundi, per de Chasseneum. Parisiis,
1525, 1 vol. in-fol.

Chatelains (les) de Lille, par F. Vanderhaer. Lille, 1611,
1 vol. in-4.º

*Chronica sancti monasterii casiniensis, per Leonem cardi-
nalem. Lutetiæ*, 1568, 1 vol. in-fol.

*Chronicke van de Gansche Werelt, door Adriaen Van
Meerbecke ende besonderlick van de XVII nederlansche
provincien. Antwerpen*, 1620, 1 vol. in-fol.

Chronicon Joannis Naucleri. Coloniæ Agrippinæ, 1564,
2 vol. in-4.º

Chroniques de l'ordre de Saint-Benoit, traduites par
Mathieu. Paris, 1629, 1 vol. in-4.º

Chronique des frères Mineurs, traduite par Blancone. Paris,
1604, 1 vol. in-4.º

Chronique de l'institution de l'ordre de Saint-François,
par Santeul. Paris, 1624, 1 vol. in-4.º

Chronique générale traduite du latin en allemand, par
Menius. Wittemberg, 1560, 1 vol. in-4.º

Chroniques de l'ordre de Saint-Benoit, par de Yepes.
Paris, 1623, 1 vol. in-8.º

*Chronologia sacra ad Christum, per Henricum Samarium.
Antwerpiæ*, 1608, 1 vol. in-fol.

*Comitum tervanensium annales historici, per Turpin.
Duaci*, 1731, 1 vol. in-8.º

*Commentarii in res gestas Lud. Sphortii principis, per
Simonetam. Mediolani*, 1478, 1 vol. in-4.º

Commentarii sive annales rerum flandricarum in libris XVII, per Meyerum. Antwerpiæ, 1561, 1 vol. in-fol.

Commentarii urbanorum Raphaelis volaterani in libris XXXVIII; item œconomicus Xenophontis. Venetiis, 1500, 1 vol. in-4.º

Commentariorun Cæsaris Elenchus. Basileæ, 1531, 1 vol. in-12.

Compendium breve totius vitæ et ætatis J. Christi nec non Mariæ matris ejus, per Norbertum. Bruxellis, 1705, 1 vol. in-12.

Constitutiones abbatiæ sancti Winnoci. Manuscrit, 1590, 1 vol. in-4.º

Constitutiones S. ordinis prædicatorum, per Fontanam. Romæ, 1660, 1 vol. in-4.º

Corpus franciscæ historiæ, per Gregorium Turonensem. Hanoniæ, 1613, 1 vol. in-fol.

Diodori siculi bibliothecæ historiæ libri XV. Basileæ, 1578, 1 vol. in-fol.

Dionysii halicarnasei antiquitatum libri XI. Basileæ, 1531, 1 vol. in-fol.

Dionysii halicarnassei de origine Romanorum libri XI. Basileæ, 1532, 1 vol. in-fol.

Discours sur l'histoire universelle, par Bossuet. Amsterdam, 1710, 3 vol. in-12.

Dissertation sur l'origine de l'Abbaye de Saint-Bertin, à Saint-Omer. Paris, 1737, 1 vol. in-8.º

Epitome historiæ monasterii Breunoviensis in regno Bohemiæ, par Ziegelbauer. Coloniæ, 1740, 1 vol. in-fol.

Essai de l'histoire de Louis-le-Grand, par Le Gendre. Paris, 1697, 1 vol. in-4.º

Eusebii Pamphili opera. Basileæ, 1549, 1 vol. in-fol.

Exposition des trois états du Comté de Flandre, par Zamar. Amsterdam, 1711, 1 vol. in-8.º

Gallo-Flandriæ descriptio, per Buzelinum. Duaci, 1625, 1 vol. in-fol.

Genebrardi, theologi Parisiensis, sacræ chronographiæ libri IV. Parisiis, 1585, 1 vol. in-fol.

Generalis temporum notitia, per Lud. Danet Casletanum. Ipris, 1726, 1 vol. in-12.

Germanicarum rerum descriptio, in bibliothecá Marc. Freheri. Francofurti, 1600, 1 vol. in-fol.

Gesandschap na net Keyserryck van China, door Van Kampen. Amsterdam, 1671, 1 vol. in-fol.

Gesta memorabilia virorum illustrium romanorum..... Parisiis..... 1 vol. in-8.º

Gestis ex Romanorum historiæ notabiles unà et expositio in psalterium divi Joannis de Currecremata cardinalis, per Gerardum Leeu.... 1480, 1 vol. in-4.º

Gouvernement de l'ordre de Citeaux. Paris, 1678, 1 vol. in-4.º

Guzmaná stirpe sancti Dominici fundatoris familiæ historica demonstratio, per Bremond. Romæ, 1740, 1 vol. in-4.º

Haræi Francisci annales ducum Brabantiæ tomi III. Antverpiæ, 1623, 4 vol. in-fol.

Henteri Ponti opera historica Burgundica, Austriaca et Belgica. Lovanii, 1743, 1 vol. in-fol.

Hispanorum de origine ac naturá, per de Molinam. Lugduni, 1588, 1 vol. in-fol.

Histoire abrégée des provinces-unies des Pays - Bas, par...... Amsterdam, 1701, 1 vol. in-fol.

Histoire (l') avec explication, par Gautruche. Paris, 1697, 4 vol. in-12.

Histoire d'Angleterre, par Smolett. M. D. Orléans, 1759, 19 vol. in-12.

Histoire de Flavius Joseph, sacrificateur hébreu, mise en français par Gilbert Genebrard, docteur en théologie. Paris, 1631, 1 vol. in-fol.

Histoire de France, par Velly. Paris, 1819, 18 vol. in-8.º

Histoire de Guillaume III, roi de la Grande-Bretagne, par..... Amsterdam, 1692, 2 vol. in-12.

Histoire de la Chine, par Alvarez Semedo. Lyon, 1667, 1 vol. in-4.º

Histoire de la conquête des Molluques, par d'Argensola. Amsterdam, 1706, 2 vol. in-12.

Histoire de la Monarchie française sous Louis-le-Grand, par Deriencourt. Paris, 1693, 3 vol. in-12.

Histoire de la naissance, progrès et décadence de l'hérésie, par de Ræmond. Rouen, 1648, 1 vol. in-4.º

Histoire de la réunion du royaume de Portugal, par..... Paris, 1680, 2 vol. in-12.

Histoire de l'Arianisme et des Sociniens, par Maimbourg. Paris, 1682, 3 vol. in-12.

Histoire de l'Église et de l'empire, par Le Sueur. Genève, 1679, 2 vol. in-4.º

Histoire de l'Église, par Godeau. Paris, 1680., 4 vol. in-12.

Histoire de l'Hérésie des Iconoclastes, par Maimbourg. Paris, 1683, 2 vol. in-18.

Histoire de l'Hérésie, par Varillas. Paris, 1686, 7 vol. in-12.

Histoire de l'origine des Dîmes et des Bénéfices. Paris, 1692, 1 vol. in-12.

Histoire de l'origine des revenus ecclésiastiques, par Acosta. Utrecht, 1697, 1 vol. in-12.

Histoire de Malte, par l'abbé de Vertot. Paris, 1761, 7 vol. in-12.

Histoire de Mathilde d'Aguilar, par mademoiselle de Scuderi. La Haye, 1736, 1 vol. in-12.

Histoire des cinq propositions de Jansénius. Liège, 1699, 1 vol. in-12.

Histoire des Conciles, en trois parties, par Hermant. Rouen, 1696, 1 vol. in-8.°

Histoire des Conclaves, par....... Lyon, 1691, 2 vol. in-12.

Histoire des édits de pacification entre les églises, par Soulier. Paris, 1682, 1 vol. in-8.°

Histoire des Empereurs, par....... Paris, 1690, 6 vol. in-4.°

Histoire des hommes illustres de l'ordre de Saint-Dominique, par Touron. Paris, 1743, 7 vol. in-4.°

Histoire des Israélites, par Coulon. Paris, 1665, 3 vol. in-12.

Histoire des ordres militaires, avec traité sur les duels, par Basnage. Amsterdam, 1721, 4 vol. in-12.

Histoire des ordres monastiques, par...... Paris, 1718, 3 vol. in-4.°

Histoire des religions dans tout le monde, par Jovet. Paris, 1710, 3 vol. in-12.

Histoire des révolutions d'Espagne, par Joseph d'Orléans. Paris, 1737, 5 vol. in-12.

Histoire des Sacremens, par Chardon. Paris, 1745, 6 vol. in-8.°

Histoire des variations des églises protestantes, par Bossuet. Liége, 1710, 2 vol. in-12.

Histoire du Calvinisme, par Maimbourg. Paris, 1682, 1 vol. in-12.

Histoire du Ciel, selon les Poètes, les Philosophes et Moïse. Paris, 1739, 2 vol. in-12.

Histoire du collège de Douai, par...... Londres, 1762, 1 vol. in-12.

Histoire du différend entre le pape Boniface VIII et Philippe-le-Bel, roi de France. Paris, 1655, 1 vol. in-f.

Histoire du Gouvernement de Venise, par de La Houssaye. Amsterdam, 1705, 3 vol. in-12.

Histoire du Jansénisme. 2 vol. in-12.

Histoire du parlement d'Angleterre, par l'abbé Raynal. Londres, 1751, 2 vol. in-12.

Histoire du peuple de Dieu, par Berruyer. Paris, 1739, 10 vol. in-12.

Histoire du règne de Louis XIV, par...... Amsterdam, 1717, 7 vol. in-12.

Histoire ecclésiastique et civile de Bretagne, par Dom Morice. Paris, 1750, 2 vol. in-fol.

Histoire ecclésiastique, par Fleury. Paris, 1720, 15 vol. in-4.º

Histoire et analyse du livre de l'action de Dieu, par Boursier. 1753, 3 vol. in-12.

Histoire généalogique et chronologique de la maison royale de France, par Anselme. Amsterdam, 1713, 1 vol. in-fol.

Histoire générale d'Allemagne, par Barre. Paris, 1748, 11 vol. in-4.º

Histoire générale des voyages, par Prevost. Paris, 1746, 86 vol. in-12.

Histoire métallique de Hollande, par Bizot. Amsterdam, 1688, 2 vol. in-8.º

Histoire pontificale, par Deglen. Liége, 1600, 1 vol. in-4.º

Histoire sainte, ancien et nouveau Testament, par Nicolas
Talon. Paris, 1688, 2 vol. in-fol.

Histoires choisies et morales, par........ Paris, 1747,
1 vol. in-8.º

Historia concilii tridentini, per Giattinum. Antverpiæ,
1673, 1 vol. in-fol.

Historia de Jes. Christi stigmatibus, per Mallonium.
Bruxellæ, 1607, 1 vol. in-8.º

Historia de la Fondacion de la orden de Fridicadore y
Mexico, per Maestro Fray. En Bruxellas, 1625, 1 vol.
in-fol.

Historia ecclesiæ ultrajectinæ, per Hoynck Van Papen-
drecht. Mechelinæ, 1725, 1 vol. in-fol.

Historia ecclesiastica cum dissertationibus, per Nat.
Alexandrum. Parisiis, 1679, 22 vol. in-8.º

Historia congregationis de auxiliis divinæ gratiæ, per
Leblanc. Lovanii, 1700, 1 vol. in-4.º

Historiæ Flandriæ tractatus, per Vredium Brugensem.
Brugis, 1 vol. in-fol.

Historiæ romanæ scriptorum libri, per........ Genovæ,
1623, 1 vol. in-fol.

Historiæ sacræ descriptio vel annales, per Sulpicium
Severum. 1 vol. in-4.º

Historiæ societatis Jesu duæ partes sive Ignatius et
Lænius, per Orlandinum et Sacchinum. Antverpiæ,
1620, 2 vol. in-4.º

Historia generalis fratrum discalceatorum, per Isidorum.
Romæ, 1668, 2 vol. in-fol.

Historia græco-latina concilii florentini, per Creygten.
Hago-Comitis, 1660, 1 vol. in-4.º

Historia Jansenismi, per Leydekerum. Trajecti-ad-
Rhenum, 1695, 1 vol. in-8.º

Historia miraculorum B. Virg. Mariæ Silvaducensis. Antverpiæ, 1632, 1 vol. in-8.º

Historia missionis anglicanæ, per Morum. Audomari, 1660, 1 vol. in-4.º

Historia naturæ maximè peregrinæ libri XVI. Antverpiæ, 1635, 1 vol. in-fol.

Historia Platineæ de vitis pontificum romanorum, per Favinium. Coloniæ, 1600, 1 vol. in-4.º

Historia seraphica, per Sedulium. Antverpiæ, 1613, 1 vol. in-4.º

Historia Ven. Dom. Antonii Archiepiscopi. Basileæ, 1502, 3 vol. in-4.º

Historia Ultrajectina, per Bekam et Hedam. Ultrajecti, 1643, 1 vol. in-4.º

Historia universa sacra et profana, per Hoium. Duaci, 1629, 1 vol. in-4.º

Histori geographical (an) description, by Vonstahlenberg. London, 1736, 1 vol. in-4.º

Horatii Tursellini Lauretanæ historiæ libri V. Moguntiæ, 1591, 1 vol. in-12.

Jerosolymitana peregrinatio Nicolai principis Radzivili, per Treterum. Antverpiæ, 1614, 1 vol. in-fol.

Josephi historiographi antiquitatum libri XXIX. Parisiis, 1511, 1 vol. in 4.º

Lettres historiques de M. Pélisson. Paris, 1719, 3 vol. in-12.

Libellus supplex sanctissimo dom. Innocentio XI de origine et antiquitate ordinis Carmelitarum, per Sebastianum à Sancto Paulo. Francofurti, 1 vol. in-8.º

Liber chronicarum generalium impressus ab Ant. Koberger. Nurembergæ, 1493, 1 vol. in-fol.

Liber chronicarum, per Schreyerum. Nurembergæ, 1493, 1 vol. in-fol.

Life (the), of S. Ignatius, by Bouhours. London, 1686 , 1 vol. in–8.º

Maffeii (J.-P.) historiarum indicarum libri XVI. Coloniæ Agrippinæ, 1693 , 1 vol. in–fol.

Mémoires chronologiques pour l'histoire ecclésiastique , par........ 1720 , 4 vol. in–12.

Mémoires de messire Philippe de Comines, par Godefroy. La Haye , 1682 , 2 vol. in–12.

Mémoires du maréchal de Bassompierre. Amsterdam , 1721 , 4 vol. in–12.

Mémoires historiques , politiques , critiques et littéraires, par de La Houssaye. Amsterdam , 1742, 3 vol. in–12.

Mémoires historiques du pape Benoit XIV, par Norbert. Londres , 1751, 1 vol. in–8.º

Mémoire pour servir à l'examen de la constitution du pape contre le nouveau Testament, en français , par Quenel. 1717, 4 vol. in–12.

Mémoires pour servir à l'histoire de Bretagne, par Morice. Paris , 1741 , 3 vol. in–fol.

Mémoire pour l'église et le clergé d'Utrecht, par........ 1726, 1 vol. in–4.º

Mémoires pour l'histoire de Louis de Bourbon , prince de Condé. Cologne , 1693 , 2 vol. in–12.

Memoriale benedictinum , per Amandum Belver. 1 vol. in–8.º *manuscrit sur papier. 340 feuillets 17e Siecle (provenant de St Winoc.)*

Miræi Auberti opera diplomatica et historica in Belgium. Bruxellis, 1723, 3 vol. in–fol.

Monarchiâ (de) visibili Ecclesiæ libri VIII, per Nic. Sanderum. Wirceburgi, 1592 , 1 vol. in–fol.

Obsidio bredana, per Hugonem. Antverpiæ, 1626, 1 vol. in–fol.

OEuvres de Brantome, contenant les vies des dames

illustres françaises et étrangères. La Haye, 1740, 14 vol. in-18.

OEuvres complètes de Rollin. Paris, 1817, 18 vol. in-8.º

Opus chronologicarum , per Lesmoreum. Coloniæ, 1594, 1 vol. in-fol.

Opus ephemeridium, per Abrahamum Zacutum. Venetiis, 1502 , 1 vol. in-4.º

Opus præclarum ac supplementum chronicarum , per Philippum Bergamensem. Venetiis, 1490 , 1 vol. in-fol.

Origenis Adamantii scripturarum interpretis opera omnia. Parisiis, 1604, 1 vol. in-4.º

Origine (de) et progressu monachatûs libri VI, per Hospianum. Tiguri, 1609 , 1 vol. in-4.º

Originum et antiquitatum christianarum libri XX , per Mamachium. Romæ , 1749, 5 vol. in-4.º

Plinii secundi historia mundi denuò emendata. Basileæ , 1540 , 1 vol. in-fol.

Plinii secundi de viris illustribus liber. Parisiis, 1536, 1 vol. in-8.º

Plutarchi cheronensis operum pars 2. Francofurti, 1603, 1 vol. in-8.º

Plutarchi opera de viris illustribus. Heidelbergæ . 1561 , 1 vol. in-fol.

Polydori Vergilii urbinatis anglicæ historiæ libri XXVI. Basileæ, 1534, 1 vol. in-fol.

Probatis (de) sanctorum historiis ex egregiis manuscriptis collectis liber, per Surinum. Coloniæ, 1571 , 5 vol. in-4.º

Recherches historiques de l'ordre du Saint-Esprit, par Duchesne. Paris, 1695, 2 vol. in-12.

Recueil de voyages dans le nord, par..... Rouen, 1716, 3 vol. in-12.

Relation d'un voyage autour du monde, exécuté par le commodore Byron. Paris, 1774, 8 vol. in-8.º

Relation historique du voyage de Charles X dans le département du Nord, avec lithographies, par Durozoir. Paris, 1827, 1 vol. in-fol.

Relation universelle de l'Afrique, par de La Croix. Lyon, 1688, 2 vol. in-12.

Re (de) metallicâ par Christoph. Ancelium. Francofurti, 1530, 1 vol. in-12.

Rerum germanicarum scriptores, per Pistorium. Francofurti, 1607, 1 vol. in-4.º

Rerum morumque in regno chinensi historia, per de Mendosa. Antverpiæ, 1655, 1 vol. in-8.º

Rerum scoticarum historia, per Georg. Buchananum Scotum. Trajecti ad Rhenum, 1697, 1 vol. in-12.

Rerum toto orbe gestarum chronica, per Aubertum Miræum. Antverpiæ, 1608, 1 vol. in-4.º

Responsio historico-theologica ad C. Gallicani declarationem. Coloniæ, 1683, 1 vol. in-12.

Reys-bouck der Heylige schrift, door Bunting. Amsterd., 1642, 1 vol. in-4.º

Selecta historiæ ecclesiasticæ veteris Testamenti, per Natalem Alexandrum. Parisiis, 1689, 6 vol. in-8.º

Sethi Calvisii opus chronologicum. Francofurti, 1650, 1 v. in-fol.

Sigonii Carsli de Italiá historiarum libri XX. Hanoviæ, 1612, 1 vol. in-fol.

Situ (de) Paradisi terrestris, per Kerckerdere. Lovanii, 1729, 1 vol. in-12.

Strada Famiani de bello belgico decus 1.ª et 2.ª Antverpiæ, 1649, 2 vol. in-12.

Table chronographique de l'état du christianisme , par Gaultier. Lyon , 1609 , 1 vol. in-fol.

Tabulæ chronographicæ ecclesiæ catholicæ, ad annum 1614, per Gaulterium. Coloniæ Agrippinæ , 1516, 1 v. in-fol.

Tertulliani Q. Sep. Florentis opera. Basileæ , 1528 , 1 v. in-fol.

Tertullianus redivivus scholiis et observationibus illustratus , per Georgium. Parisiis , 1646 , 3 vol. in-fol.

Tornielli annales sacri ac profani. Francofurti , 1611 , 1 vol. in-fol.

Tractatus historico-chronologicus de Patriarchis antiochenis , per Petrum Boschium. Antverpiæ, 1725 , 1 vol. in-4.º

Tractatus historico-politici in novem partes distributi. Coloniæ , 1679 , 5 vol. in-12.

Traité historique sur les apparitions et visions religieuses, par Calmet. Paris , 1751 , 2 vol. in-12.

Traité historique des dîmes suivant les conciles, par Perray. Paris , 1738 , 2 vol. in-12.

Trithemi Joannis opera historica. Francofurti , 1601 , 1 vol. in-fol.

Tursellini , Horatii , Romani , Lauretanæ historiæ libri V. Moguntiæ , 1600 , 1 vol. in-12.

Viatorium Germaniæ , Galliæ ac Italiæ. (Ouvrage allemand.) *Francofurti , 1671 , 1* vol. in-18.

Vie de Boudon, grand archidiacre d'Evreux, par.... Paris , 1753 , 2 vol. in-12.

Vie de César, cardinal Baronius, par Lefevre. Douai , 1668 , 1 vol. in-12.

Vie de dom Barthélemi des Martyrs , archevêque de Brague , en Portugal , par.... 1693 , 1 vol. in-8.º

Vie de dom abbé Lebouthillier de Ransé , par le Nain.
Paris , 1742 , 2 vol. in-12.

Vie de la vénérable mère de Chantal , par Marsollier.
Paris , 1717, 2 vol. in-8.º

Vie de Jésus dans les saints, par Nouët. Paris , 1711, 2 v.
in-12.

Vie de saint Thomas d'Aquin , par Touron. Paris , 1740.
1 vol. in-4.º

Vie de saint Dominique de Guzman , par Touron. Paris ,
1739, 1 vol. in-4.º

Vie des Vierges chrétiennes , par Ville-Thierry. Paris ,
1725, 1 vol. in-8.º

Vie et bons mots de Santeuil , par... Cologne , 1742 , 1 v.
in-12.

Vie et conduite spirituelle de demoiselle Vigneron , sœur
de saint François , par.... Rouen, 1679, 1 vol. in-8.º

Vie du capitaine Coock , par.... Paris , 1789, 2 v. in-8.º

Vie du père Ange de Joyeuse , par Brousse. Paris , 1621 ,
1 vol. in-12.

Vie du Père Rigoleuc , par Champion. Paris , 1686, 1 vol.
in-12.

Vies des SS. PP. des déserts , par Marin. Avignon , 1641 ,
6 vol. in-12.

Vie des Saints pour le cours de l'année , par Giry. Paris ,
1703, 2 vol. in-fol.

Vies des saints par ordre des mois et jours, par.... Paris,
1704, 11 vol. in-8.º

*Vitâ (de) Alberti pii , sapientis Belgarum principis, Aub.
Miræus. Antverpiæ , 1622, 1 vol. in-4.º*

*Vita Camilli de Lellis fundatoris infirmariorum , per
Halloix. Antverpiæ , 1632, 1 vol. in-8.º*

Vita Christi ex evangeliis et scriptoribus, per Saxonem.
Parisiis, 1536, 1 vol. in-12.

Vitâ (de) et verbis seniorum libri X , per Rosweydum.
Antverpiæ , 1615, 1 vol. in-fol.

Vita di sancti Luigi Gonzaga, di Maineri. Genovæ, 1734,
1 vol. in-12.

Vitâ (de) beati Aloysii Gonzaga libri III , per Ceparium.
Coloniæ , 1608, 1 vol. in-12.

Vitâ Gasparis Barzei Belgæ, sancti Xaverii in Indiâ socii,
per Trigault. Antverpiæ , 1610, 1 vol. in-12.

Vita beati Josèph presbyteri et canonici , per Vanders-
terre. Antverpiæ , 1627 , 1 vol. in-12.

Vita et mors sanctæ Rosæ Pervano, per Hansen. Romæ ,
1780 , 1 vol. in-fol.

Vita Roberti Bellarmini cardinalis, per Fuligattum. Ant-
verpiæ , 1631 , 1 vol. in-12.

Vita R. P. Savonarolæ ord. prædicatorum, per J. Picum.
Parisiis , 1674 , 2 vol. in-12.

Vita sancti Pauli apostoli , per Mastestrim. Lugduni ,
1633, 1 vol. in-4.⁰

Vita sanctæ Theclæ virginis et martyris , per Pantinum.
Antverpiæ , 1608 , in-4.⁰

Vita sancti Winoci abbatis præstantissimi. Manuscrit illustré , 1 vol. in-8.⁰

Vitæ et documenta scriptorum ecclesiæ , per Halloix.
Duaci, 1636, 1 vol. in-fol.

*Vitis (de) sanctorum omnium, per Haræum. Coloniæ,*1605,
1 vol. in-fol.

Vitis (de) sanctorum patrum. (Editio antiq.) 1 vol. in-4.⁰

Voyage historique d'Italie par .... La Haye, 1729, 2 vol.
in-12.

Voyage pour la rédemption des captifs d'Alger et Tunis,
par de la Motte et Bernard. Paris, 1711, 1 vol. in-12.

Voyage historique de l'Europe, par.... Paris, 1695,
2 vol. in-12.

Voyage (a) to the World of Cartesius. London, 1692, 1 v
in-8.º

Voyages fameux de Vincent Leblanc. Paris, 1648, 1 vol
in-8.º

Voyages du capitaine Coock. Paris, 1785, 8 vol. in-8.º

*Witichindi saxonis rerum gestarum libri III, per....
Basileæ,* 1532, 1 vol. in-4.º

LITTÉRATURE.

Æneæ Sylvii epistolæ. Nurembergæ, 1486, 1 vol. in-4.º

Art (l') de parler allemand, par Léopold. Paris, 1698, 1 v. in-12.

Chorus poetarum classicorum, cum notis valdè illustratus, per.... Lugduni, 1616, 2 vol. in-4.º

Ciceronis Marci Tullii opera. Parisiis, 1566, 1 v. in-f.

Commentaria epistolarum conficiendarum, per Henricum Biblium. 1513, 1 vol. in-8.º

Communes et familiares hebraicæ linguæ idiotismi, per Montanum. Antverpiæ, 1572, 1 vol. in-fol.

Cours de littérature de La Harpe. Paris, 1818, 16 vol. in-8.º

Décades (les) de Tite-Live, par Fremschenius. Amsterd., 1700, 8 vol. in-12.

Dictionarium Ambrosii Calepini. Basileæ, 1560, 1 vol. in-fol.

Dictionarium historicum ac poeticum. Lutetiæ Parisiorum, 1578, 1 vol. in-4.º

Dictionarium historicum, geographicum ac poeticum, per Stephanum. 1609, 1 vol. in-4.º

Enéide de Virgile (l'), traduite en vers français, par.... Paris, 1648, 2 vol. in-4.º

Flos eloquentiæ Ciceronis. Antverpiæ, 3 vol. in-18.

Gazæ Theodori, introductio grammatica. Basileæ, 1541, 1 vol. in-8.º

Génie de la langue française, par.... Paris, 1687, 1 vol. in-12.

Glossarium ad scriptores mediæ et infimæ latinitatis, per Dufresne. Parisiis, 1733, 6 vol. in-fol.

Glossarium novum ad scriptores medii ævi cùm latinos tùm gallicos. Parisiis, 1766, 4 vol. in-fol.

Grammaire russe, par.... 2 vol. in-12.

Horatii Flacci opera adnotationibus illustrata. Parisiis, 1516, 1 vol. in-4.º

Jérusalem délivrée, par Baour-Lormian. Paris, 1819, 3 v. in-8.º

Institution d'un prince, par Duguet. Londres, 1750, 4 v. in-12.

Joqueti Dionantini poematum, libri IV. Tornaci, 1633, 1 vol. in-12.

Lettres choisies de M. Simon sur la littérature. Amsterd., 1730, 4 vol. in-12.

Lettres choisies de M. Patin, docteur en médecine. Colog., 1691, 2 vol. in-12.

Lettres de l'abbé de.... à ses élèves. Paris, 1761, 2 vol. in-12.

Lexicon seu dictionarium græco-latinum, cum etymologiâ vocum. Basileæ, 1541, 1 vol. in-fol.

Lucani Annei cordubensis Pharsalia, duplici explanatione illustrata. Parisiis, 1506, 1 vol. in-4.º

Maître (le) italien, par de Veneroni. Amsterdam, 1689, 1 vol. in-12.

Morale de Tacite. Paris, 1686, 1 vol. in-12.

Musæ lacrymantes sive septem sacræ tragediæ, per Lummeneum à Mariâ. Duaci, 1 vol. in-8.º

OEuvres complètes de Marmontel, Paris, 1818, 18 vol. in-8.º

OEuvres de Pierre Corneille. Paris, 1801, 12 vol. in-8.º avec gravures.

OEuvres de J.-B. Rousseau. Paris, 1741.

OEuvres de Molière. Paris, 1749, 8 vol. in-18 avec grav.

OEuvres de Racine. Londres, 1723, 2 vol. in-4.º avec gr.

OEuvres de Crébillon. Paris, 1812, 3 vol. in-8.º avec gr.

OEuvres dramatiques de Destouches. Paris, 1811, 6 vol. in-8.º avec grav.

OEuvres complètes de Reynard. Paris, 1820, 6 vol. in-8.º avec gravures.

OEuvres de Boileau, avec notes par lui-même. Amsterd., 1721, 2 vol. in-12.

OEuvres de Plutarque, traduites par Jacques Amyot. Paris, 1784, 18 vol. in-8.º

OEuvres d'Homère, traduites par P.-J. Bitaubé. Paris, 1819, 4 vol. in-8.º

OEuvres de M. de La Motte, odes, etc., Paris, 1754, 11 v. in-12.

Oliverii perillustris viri opera poetica quæ exstant omnia. Gandavi, 1738, 1 vol. in-12.

Opera salustiana. Parisiis, 1508, 1 vol. in-8.º

Oratore (de) libri quinque, per Joannem Herbetium, Parisiis, 1574, 1 vol. in-4.º

Orbis novus catalogus, per C. Cæsarem. Basileæ, 1537, 1 vol. in-4.º

Ovidii Nasonis metamorphoseon libri XV, per Josephum Juvencium adnotati. Rothomagi, 1770, 1 vol. in-12.

Politiani Angeli et aliorum virorum epistolarum libri XII. Basileæ, 1522, 1 vol. in-12.

Recueil de diverses poésies latines. 1 vol. in-12, manusc....

Recueil de plusieurs sujets d'éloquence et de poésie, par
.... Paris, 1675, 1 vol. in-12.

Religion (la), poème par Racine. Paris, 1742, 1 vol. in-8.º

Remarques sur la langue française, par .... Paris, 1662,
1 vol. in-12.

Salustii Crispi opera omnia. Basileæ, 1564, 1 vol. in-4.º

Scholia in septem Euripidis tragœdias. Basileæ, 1544,
1 vol. in-8.º

*Senecæ Annei et aliorum tragœdiæ serio emendatæ. Lug-
duni*, 1676, 1 vol. in-32.

Sluperi (Jbi.) Herzelensis Flandri poemata. Antverpiæ,
1575.

Syntaxis Joannis Despauterii Ninivitæ. Antverpiæ, 1563,
1 vol. in-8.º

Sophoclis tragœdiæ septem cum latinâ interpretatione.
1603, 1 vol. in-4.º

Système nouveau de grammaire française, par Devallange.
Paris, 1719, 1 vol. in-12.

*Terentii comœdiæ etiam et Horatii Flacci in eodem volu-
mine opera. Basileæ*, 1532, 1 vol. in-4.º

Théâtres (les) de Voltaire. Paris, 1785, 9 vol. in-8.º

*Titi-Livii Patavini historicorum romanorum principis
libri omnes. Parisiis*, 1625, 1 vol. in-fol.

Titi-Livii Patavini decades. Parisiis, 1512, 1 vol. in-fol.

Traité des études monastiques, par Mabillon. Paris, 1691,
1 vol. in-12.

Tusculanes de Cicéron, par Bouhier et d'Olivet. Paris,
1737, 3 vol. in-12.

*Virgilii Publii Maronis opera præclarâ adnotatione
illustrata. Parisiis*, 1529, 1 vol. in-4.º

Vocabulaire allemand. 1 vol. in-18.

SCIENCES.

Abualjibu-Tesina canon medicinæ, *interprete F. Plempio.*
Lovanii, 1658, 1 vol. in-4.º

Agrippæ Henrici Cornelii, de occultâ philosophiâ libri III.
Argentorati, 1541, 1 vol. in-4.º

Alberti Florentini de re œdificatoriâ opus. Parisiis, 1512,
1 vol. in-8.º

Androvandi Ulyssis opera de animalibus. Bononiæ, 1589,
9 vol. in-fol.

Anecdotes de médecine, par.... 2 vol. in-12.

Angeli ab Aretio in quatuor institutiones Justiniani com-
mentaria. Lugduni, 1550, 1 vol. in-fol.

Animadversiones in pharmacopœam Augustanam, per
Joannem Zwelfer. Norembergæ, 1657, 1 vol. in-4.º

Anti-Lucretius, sive de Deo et naturâ libri novem, per
Melchiorem de Polignac. Bruxellis, 1748, 1 vol. in-8.º

Architecture de Palladio, avec notes par Inigo Jones. La
Haye, 1726, 2 vol. in-folio.

Argenterii (Joannis) Medici de somno et vigiliâ libri II.
Florentiæ, 1556, 1 vol. in-12.

Argoli Andreæ pandosion sphæricum. Patavii, 1653,
1 vol. in-4.º

Aristotelis opera dialectica et alia. Lovanii, 1695, 3 vol.
in-4.º

Aristotelis de historiá animalium libri omnes. Parisiis, 1524, 1 vol. in-4.º

Aristotelis de moribus liber. Duaci, 1575, 1 vol. in-4.º

Aristotelis liber de naturá. Duaci, 1576, 1 vol. in-4.º

Aristotelis organum universum. Duaci, 1564, 1 vol. in-4.º

Aristotelis stagyritæ libri omnes in logicam. Lugduni, 1606, 1 vol. in-4.º

Aristotelis stagyritæ Ethicorum libri X. Lugduni, 1567, 1 vol. in-12.

Aristotelis insignis philosophi libri II de vitâ. Basileæ, 1527, 1 vol. in-12.

Arrêts du parlement de Flandre, par Pollet. Lille, 1716, 1 vol. in-4.º

Arrêt portant règlement de procédure au parlement de Flandre. Douai, 1671, 1 vol. in-4.º

Art de guérir les maladies vénériennes, par de Blegny. Paris, 1698, 2 vol. in-12.

Astronomia Danica, per Longomontanum diligentissimè elaborata. Amstelodami, 1622, 1 vol. in-4.º

Atlas de géographie ancienne pour les œuvres de Rollin, d'après d'Anville. Paris, 1818, 1 vol. in-fol.

Aurelii Prudentii Clementis, viri consularis, opera. Basileæ, 1537, 1 vol. in-12.

Autorité du roi touchant l'âge nécessaire à la profession monastique, par de Boutigny. Amsterdam, 1702, 1 vol. in-12.

Baconi Francisci opera moralia ac civilia. Londini, 1638, 2 vol. in-4.º

Baglivi Georgii, de praxi medicâ ad priscam observandi rationem revocandâ libri II. Lugduni, 1599, 1 v. in-8.º

Barbosæ Petri Lusitani tractatus de matrimonio et judiciis. Francofurti, 1625, 2 vol. in-fol.

Bauderoni doctoris medici praxis. Lutetiæ Parisiorum, 1620 , 1 vol. in-4.º

Bartoli commentaria in primam digesti partem. Lugduni, 1552 , 10 vol. in fol.

Bedæ venerabilis presbgteri, viri doctissimi opera, astronomatica et mathematica. Coloniæ Agrippinæ . 1612 , 1 vol. in-fol.

Bibliotheca anatomica aucta atque illustrata , per Clericum et Mangetum. Genevæ , 1699 , 2 vol. in-4.º

Bibliothèque du droit français, par Bouchel. Paris , 1671 , 2 vol. in-fol.

Bocharti Samuelis historici et geographici opera omnia. Lugduni, 1692 , 1 vol. in-fol.

Bouck der ordonnancien statuten ende placcaeten van Vlaenderen. Gendt, 1629 , 4 vol. in-4.º

Breviarium universum philosophiæ scoto-augustinianæ, per Peuplum. Leodii , 1648 , 1 vol. in-8.º

Causes célèbres et intéressantes , par Gayot de Pitaval. La Haye , 1737 , 18 vol. in-12.

Chant nouveau avec basse continue des psaumes de David, par Godeau. Paris, 1724, 1 vol. album.

Chirac (Petri) de motu cordis adversaria analytica. Monspelii, 1598, 1 vol. in-12.

Chirurgien d'armée (le parfait), par M. Abeille. Paris, 1696, 1 vol. in-12.

Christophori Clavii Bambergensis in sphæram commentarius. Romæ, 1607, 1 vol. in-8.º

Claramentis Scipionis de universo opus præclarum. Coloniæ Agrippinæ, 1646, 1 vol. in-4.º

Code de chasse sous le roi Louis XIV, par. . . . Paris, 1713, 2 vol. in-12.

Code des curés concernant les dimes, par . . . . Paris, 1752, 2 vol. in-12.

Code des paroissiens, avec dissertations, par Bernard. Paris, 1746, 2 vol. in-12.

Codex Belgicus ofte Nederlansche nieuwe alle rechten, door Anselmus. Antwerpen, 1662, 1 vol. in-4.º

Codicis Justiniani sacratissimi principis libri XII, notatione Gothofredi illustrati. Coloniæ Allobrogum, 1629, 1 vol. in-fol.

Collectiones antiquæ decretalium cum notis et emandationibus, per.... Parisiis, 1609, 1 vol. in-4.º

Collegium universi juris canonici, per Engel. Venetiis, 1723, 1 vol. in-4.º

Commentaire nouveau sur l'ordonnance civile d'avril 1667, par Jousse. Paris, 1767, 1 vol. in-8.º

Commentaire nouveau de Charondas le Caron, sur la coutume de Paris. Paris, 1613, 1 vol. in-4.º

Commentaire sur l'édit de la jurisprudence ecclésiastique, par.... Paris, 1764, 2 vol. in-12.

Commentaires sur les matières à médicamens, par Matthiole, médecin. Lyon, 1579, 1 vol. in-folio.

Commentaria ad edictum Alberti et Isabellæ principum, 12 juillet 1611, *per Anselmum. Antverpiæ*, 1644, 1 v. in-4.º

Commentaria prima Alberici de Rosate super digesto novo. Lugduni, 1545, 1 vol. in-fol.

Commentaria juris civilis, excellentissimi viri Jasonis de Mayno. Lugduni, 1519, 11 vol. in-folio.

Commentaria collegii conimbricensis in libros Aristotelis stagyritæ. Coloniæ, 1631, 2 vol. in-4.º

Commentarii collegii conimbricensis, per.... Coloniæ, 1611, 1 vol. in-8.º

Commentarii seu lecturæ Nicolai Tudeschis archiepiscopi Panormitani. Lugduni, 1520, 3 vol. in-folio.

Commentarius Arnoldi Vinnii in IV libros institutionum imperalium. Amstelodami, 1665, 1 vol. in-4.º

Commentarius de S. Missæ sacrificio, auctoritate Benedicti XIV. Pont. Max. Lovanii, 1762, 2 vol. in-8.º

Commentarius in Aristotelis physicam, per Petrum Barbay. Parisiis, 1690, 5 vol. in-12.

Complementum eximii viri Bartoli in primam digesti partem. Coloniæ Agrippinensis, 1475, 1 vol. in-folio.

Complementum totius legalis sapientiæ Justiniani. Parisiis, 1527, 1 vol. in-4.º

Computus astronomicus, per Schonbornium. Wittebergæ, 1579, 1 vol. in-12.

Conradi Lagi methodica utriusque juris traditis. Lovanii, 1565, 1 vol. in-12.

Consilia ad jus civile, per Joannem Wamesium. Antverpiæ, 1665, 3 vol. in-4.º

Consilia criminalia celeberrimi virii Capellæ, utriusque juris doctoris. Lugduni, 1543, 1 vol. in-8.º

Consilia Angeli Ubaldis de Perusio, legum professoris. Lugduni, 1532, 1 vol. in-folio.

Consilia criminalia Hyppoliti de Marsiliis. Lugduni, 1531, 1 vol. in-8.º

Consilia domini Guidonis papæ in curiis tam ecclesiasticis quam secularibus. 1533, 1 vol. in-8.º

Consilia utriusque Raphaelis, nuperrimè castigata. Lugduni, 1548, 1 vol. in-folio.

Consilia, tractatus et questiones Panormitani. Lugduni, 1517, 1 vol. in-folio.

Consiliorum Alexandri Imolensis, jurisconsulti clarissimi, libri. Lugduni, 1549, 6 vol. in-folio.

Consuetudines Aureliæ et Turonensis civitatum, per... Parisiis, 1543, 1 vol. in-4.º

Consultationes et advisamenta diurna, per Ant. Anselmum. *Antverpiæ*, 1671, 1 vol. in-4.º

*Continui (de) compositione liberti Fromondi liber unicus.
Antverpiæ*, 1631, 1 vol. in-8.º

*Corpus juris canonici notis illustratum, Gregorii, pont.
max, jussu editum. Coloniæ Munatianæ*, 1682, 2 vol.
in-4.º

*Corpus juris canonici per regulas naturales ordine diges-
tas, per Gibertum. Coloniæ Allobrogum*, 1735, 3 vol.
in-folio.

Corpus juris militaris, Krieges-Recht, ouvrage allemand.
Francfurt, 1687, 1 vol. in-4.º

Cosmographie universelle, par Sébastien Munster. Paris,
1552, 3 vol. in-4.º

Cosmolabe (le) ou instrument universel des observations
scientifiques sur terre, sur mer et dans le ciel, par...
1 vol. in-8.º

*Costumen der stede, casseleye ende vassalryen van Ber-
ghen Ste.-Winnocx, door....* Gendt, 1617, 1 vol.
in-8.º

Costumen der stede van Brugge, door.... Brugge, 1619,
1 vol. in-4.º

Cours de mathématiques enseigné à Mgr. le dauphin de
France, par Blondel. Paris, 1683, 1 vol. in-4.º

Cours de mathématiques, par Ozanam. Paris, 1693, 5 v.
in-8.º

Cours entier de philosophie, par Régis. Amsterdam, 1691,
3 vol. in-4.º

Coutumes de Tournai, commentées par Ghewiet. Manus-
crit, 2 vol. in-folio. *d'un millier de pages chacun. (proven.t de St Winno.*

Coutumes générales du royaume de France. Edition très-
ancienne. Philippe Lenoir, libraire.

Coutumier (le grand) de Bourgogne, par de Chassenée.
Paris, 1534, 1 vol. in-8.º

Coutumier (le grand) et pratique du droit civil et canon,
avec commentaires, par Bouteillier. Paris, 1621, 1v. in-4.º

*Crollii Oswaldi veterani hassi basilica chimica. Franco-
furti*, 1608, 1 vol. in-4.º

Cyfer-Konst (de), door David Cock. Brussel, 1737, 1 vol.
in-12.

*Declaratio sacræ facultatis theologiæ duacensis circa
constitutionem Unigenitus. Duaci*, 1714, 1 vol. in-4.º

*Decreta Gratiani, per Hugonem et alios illustrata. Pa-
risiis*, 1550, 2 vol. in-4.º

*Decretales Gregorii papæ IX, cum glossis adornatæ.
Taurini*, 1621, 1 vol. in-folio.

*Decretalium Bonifacii papæ VIII, libri quinque etiam
ac clementinarum libri totidem. Taurini*, 1620, 1 vol.
in-folio.

Decretalium Gregorii libri V. 1 vol. in-folio.

Decreta provincialis concilii senonensis. Parisiis, 1529,
1 vol. in-4.º

*Decretum Gratiani emendatum ac notationibus illustra-
tum. Taurini*, 1620, 1 vol. in-folio.

Decretum Gratiani, opus excellentissimum. Lugduni,
1517, 1 vol. in-folio.

Defaria Didaci additiones ad jus Covaruviæ. 1 v. in-fol.

*Descartes, Renati, meditationes de primà philosophià.
Amstelodami,* 1750, 1 vol. in-8.º

Descartes, Renati, principia philosophiæ. Amstelodami,
1656, 1 vol. in-4.º

*Descartes, Renati, tractatus de homine et de formatione
fœtus. Amstelodami,* 1777, 1 vol. in-8.º

Description de l'univers, par Mallet. Paris, 1683, 5 v. in-8.º

Dictionnaire universel de médecine, par Busson. Paris, 1746, 6 vol. in-folio.

Dictionnaire universel de commerce, par MM. Savary des Brulons. Amsterdam, 1724, 2 vol. in-4.º

Dictionarium geographicum latino-belgicum et vice versâ, per Codron. Manuscrit, 1 vol. in-4.º

Dies caniculares sive colloquia phisica, per Mariolum. Moguntiæ, 1597, 1 vol. in-4.º

Digestum vetus sive Justiniani principis collectum omne jus. Lugduni, 1542, 5 vol. in-folio.

Digestion (de la) et des maladies d'estomac. Paris, 1729, 2 vol. in-12.

Diophanti Alexandrini rerum arithmeticarum libri VI. Basileæ, 1575, 1 vol. in-folio.

Discours et œuvres de d'Aguesseau. Paris, 1771, 2 vol. in-12.

Disputationes medicæ etiam et commentaria, per Pet. Ferriol. Burdigalæ, 1628, 1 vol. in-4.º

Disquisitionum magicarum libri VI, per Delrium. Moguntiæ, 1617, 1 vol. in-4.º

Dureri Alberti in re geometricâ libri IV. Parisiis, 1535, 1 vol. in-4.º

Elémens nouveaux d'algèbre, par Ozanam. Amsterdam, 1702, 1 vol. in-8.º

Elémens de chimie, par Béguin, et Chimie royale de Crollius. 2 vol. in-12.

Elémens de fortifications selon les meilleurs auteurs, par de Belair, Paris, 1792, 2 vol. in-8.º

Elémens de la philosophie de Newton, par de Voltaire. Amsterdam, 1738, 1 vol. in-8.º

Elenchus omnium auctorum, in jure tam civili quam canonico, qui claruerunt, per Wolfgangum Freymonium. Francofurti, 1574, 1 vol. in-8.º

Essais de Michel de Montaigne, par Coste. Londres, 1745, 7 vol. in-12.

Essais de morale selon divers traités en cette matière. La Haye, 1696, 6 vol. in-18.

Euphradæ Them. in libros quindecim Aristotelis commentaria. Parisis, 1528, 1 vol. in-folio.

Examen de la thèse de l'abbé de Prades. Amsterdam, 1753, 1 vol. in-12.

Examen du fatalisme, sa réfutation, par.... Paris, 1757, 3 vol. in-12.

Expositiones omnium titulorum utriusque juris, per Sebast. Brant. Parisiis, 1518, 1 vol. in-12.

Extrait des registres du parlement de Bordeaux ... Bordeaux, 1762, 1 vol. in-12.

Feudis (de) et homagiis, per Jacobinum de Sancto-Georgio. Lugduni, 1544, 1 vol. in-8.º

Florensis Franc. tractatus IX in IX priores titulos libri L.ⁱ decretalium Gregorii IX papæ. Lutetiæ, 1641, 1 vol. in-4.º

Foresti Alcmariani observationum medicinalium opera omnia. Francofurti, 1660, 4 vol. in-4.º

Fortifications (les) de Deville, ou l'ingénieur parfait. Amsterdam, 1672, 1 vol. in-8.º

Fortification nouvelle, française, espagnole, italienne et hollandaise, avec gravures, par.... Amsterdam, 1698, 1 vol. in-8.º

Framondi (Liberti) meteorologicorum libri VI. Lovanii, 1646, 1 vol. in-4.º

Galeni excellentissimi doctoris medici omnia opera. Basileæ, 1549, 1 vol. in-folio.

Galilei Lyncei philosophi et mathematici systema cosmicum. Lugduni Batavorum, 1699, 1 vol. in-8.º

Géographie universelle, par Delacroix. Lyon, 1690, 4 vol. in-12.

Ghewiet, Georgius, regiâ in cancellariâ gallo-belgicâ referendarius. Manuscrit, 6 vol. in-folio.

Glareani dodekacordon, opus musicale. Basileæ, 1547, 1 v. in-4.º

Gnomique (la) ou méthode pour tracer des cadrans solaires, par de la Hire. Paris, 1698, 1 vol. in-18.

Guidonis Pancirolli rerum memorabilium sive deperditarum pars prior. Francofurti, 1646, 1 vol. in-4.º

Heineccii (Joan.) jurisconsulti quondam celeberrimi recitationes in elementa juris civilis. Lovanii, 1778, 1 vol. in-8.º

Herbarius medicinalis. Francofurti, 1540, 1 vol. in-4.º

Hippolyti de Marsiliis tractatus de maleficiis. Lugduni, 1524, 1 vol. in-8.º

Index rerum, verborum et sententiarum Thomæ grammatici ac jurisconsulti clarissimi. Lugduni, 1550, 1 vol. in-12.

Insectorum sive minorum animalium theatrum, per Moufetum. Londini, 1634, 1 vol. in-4.º

Institutes au droit criminel, par Vouglans. Paris, 1768, 2 vol. in-4.º

Institutes et histoire du droit canonique, par Duranel, Lyon, 1710, 9 vol. in-12.

Institution au droit ecclésiastique, par Fleury. Paris, 1688, 2 vol. in-12.

Institution au droit français, par Baritel et Mollin. Lyon, 1694, 2 vol. in-12.

Institutiones, codices et digesta imperatoris Justiniani sacratissimi principis. Antverpiæ, 1567, 4 vol. in-12.

Institutiones imperiales cum casibus noviter emendatis. Lyon, 1506, 1 vol. in-4.º

Institutio philosophica, per. . . . Parisiis, 1695 , 4 vol. in-12.

Journal de navigation , par le Cordier. Hâvre , 1683 , 1 v. in-12.

Journal du palais , ou recueil des principales décisions de tous les parlements et cours de justice de France. Paris, 1701 , 2 vol. in-folio.

Joviani Pontani de rebus cœlestibus libri XIV. Basileœ , 1530 , 1 vol. in-8.º

Jure (de) justitiâ, et annexis tractatus IV theologo-canonici, per de Cocq. Bruxellis , 1687 , 1 vol. in-4.º

Jure (de) patronatûs in libro tertio decretalium, per. . . . Andegavi , 1667 , 1 vol. in-4.º

Juris pontificii in duas partes divisus liber , per Daoyz. Burdigaliœ, 1624 , 1 vol. in-folio.

Jurisprudence des Pays - Bas autrichiens , par Dulaury. Bruxelles , 1717 , 1 vol. in-4.º

Jus ecclesiasticum , per Bern. Van Espen Lovanii , 1700 , 2 vol. in-folio.

Justification de lettres en forme de brefs , de Benoît XIII, par de Ste-Marie. Bruxelles , 1725 , 1 vol. in-4.º

Justitiâ (de) et jure libri II , per Dicastillum. Antverpiœ, 1641 , 2 vol. in-4.º

Kircheri iter exstaticum cœleste etiam et terrestre. Herbipoli, 1640, 1 vol in-8.º

Lectura prima super sexto libro decretalium , per Dominicum de Sto.-Geminiano , unà cum apostillis Bernardi de Landriano. Venetiis , 1502 , 1 vol. in-folio.

Logique (la) ou l'art de parler. Amsterdam, 1708 , 1 vol. in-12.

Loix ecclésiastiques dans leur ordre naturel , par de Héricourt. Douai, 1721 , 1 vol. in-folio.

Loix nouvelles pour la France, ou jurisprudence générale, par Guichard. Paris, 1712, 4 vol. in-4.º

Magicarum disquisitionum libri VI, per Delrium. Moguntiæ, 1617, 1 vol. in-4.º

Magisterium militare Caroli Manffelot sive de juridictione et jure militiæ belgicæ. Antverpiæ, 1649, 1 vol. in-8.º

Magistro (de) sacri palatii apostolici libri II, per Catalanum. Romæ, 1751!, 1 vol. in-4.º

Malpigii Marcelli philosophi et medici opera posthuma. Amstelodami, 1698, 1 vol. in-4 º

Manardi Joannis medici epistolarum medicinalium libri XX. Lugduni, 1549, 1 vol. in-8.º

Manili astronomicon, per Jos. Scaligerum, cum notis. Lugduni Batavorum, 1590, 1 vol. in-8.º

Marcilii Ficini philosophi ac medici opera. Basileæ, 1576, 1 vol. in-folio.

Medicina mentis sive artis inveniendi præcepta generalia. Lepsiæ, 1795, 1 vol. in-4.º

Médecine (la), la chirurgie et la pharmacie des pauvres, par Hecquet. Paris, 1742, 3 vol. in-12.

Mémoires des affaires du clergé de France, par de Taix. Paris, 1625, 1 vol. in-4.º

Mémoires sur les droits du second ordre du clergé. 1733, 1 vol. in-4.º

Menochii Jacobi jurisconsulti papiensis de præsumptionibus et indiciis commentaria. Coloniæ, 1615, 1 vol. in-folio.

Mercaturá (de) tractatus varii atque decisiones, per Straccham. Amstelodami, 1669, 1 vol. in-folio.

Messuæ Joannis Damasceni medici clarissimi opera. Venetiis, 1623, 1 vol. in-folio.

Miraculis (de) occultis naturæ libri IV, per Lemnium medicum. Antverpiæ, 1581 , 1 vol. in–12.

Manas hierogliphica Joannis de C. Londinensis. Antverpiæ, 1564 , 1 vol. in–4.º

Monde (le) ou description générale de ses quatre parties , par J.-B. de Rocoles. Paris , 1660 , 6 vol. in-folio.

Mynsingeri à Fremdeck auctoris dommati apotelesma. Lugduni , 1623, 1 vol. in-4.º

Netini (Jac.) præfecti philosophi et medici de diversorum unigenorum natura, liber. Venetiis, 1559 , 1 vol. in-12.

Novellæ constitutiones imperatoris Justiniani , per Dua-renum. Antverpiæ , 1567 , 1 vol. in-12.

OEuvres d'Antoine d'Espeisser, sur toutes les matières du droit romain. Lyon , 1685 , 2 vol. in-folio.

OEuvres de chirurgie , de Goulaud Pézenas , 1746 , 2 vol. in-12.

OEuvres d'Ambroise Paré. Lyon , 1641 , 1 vol. in-folio.

OEuvres de mathématiques de Stevin. Leyde , 1634 , 1 v. in-4 º

Optice sive de reflexionibus lucis libri III , per Newton. Londini., 1706 , 1 vol. in-4.º

Opus Aristotelis de moribus. Parisiis, 1514, 1 vol. in-8.º

Ordonnances royales sur le fait de la justice et autorité d'icelle. Rouen, 1656 , 1 vol. in–12.

Ordonnancien ende statuten in de Landen der Keyserlycke majesteyt. Gendt, 1542 , 1 vol. in-4.º

Ortelii antverpiani thesaurus geographicus. Hanoviæ, 1611 , 1 vol. in-4.º

Panormitani abbatis in jure canonico commentaria. Venetiis, 1682 , 9 vol. in-folio.

Panormitani partes duæ iu secundam Decretalium partem. Lugdini, 1521, 2 vol. in-folio.

Perdulcis Bartholomæi universa medicina, *per Renatum Charterium. Parisiis*, 1630 , 1 vol. in-4.º

Perezi Ant. in 12 *libros codicis diviJustiniani prælectiones. Lovanii*, 1641, 1 vol. in-folio.

Perspectiva communis etiam ac de speculis tractatus , per Hartman. Norimbergæ, 1542, 1 vol. in-8.º

Pharmacopeia audomarensis hujus urbis senatus jussu edita. Audomari, 1689 , 1 vol. in-8.º

Pharmacopée royale galénique et chimique, par Moïse Charas. Paris, 1692.

Philippica ou haras de chevaux, par Taquet. Anvers, 1613 , 1 vol. in-4.º

Philosophia vetus ac nova ad usum scholæ , per .... *Parisiis*, 1687, 6 vol. in-12.

Philosophia juxta divi Thomæ dogmata , per Goudin. Parisiis, 1692 , 4 vol. in-12.

Philosophiæ naturalis paraphrasis, per Pellitarium. Parisiis, 1501 , 1 vol. in-4.º

Philosophiæ totius tractatio, per Carolum de Raconem. Avenione, 1639 , 1 vol. in-4.º

Philosophus ad utramque partem, per Duhan. Parisiis, 1694, 1 vol. in-12.

Pièces diverses émanées des cours du pape , ainsi que du roi de France, par...... 1 vol. in-4.º

Pièces du procès entre les magistrats de Bergues et l'abbaye de cette ville, relativement à la perception des dîmes.... 1750, 1 vol. in-fol.

Pitonii Francisci Mariæ de controversiis patronorum ad beneficio opus. Coloniæ, 1732 , 2 vol. in-fol.

Placaet bouck van ordonnancien in Vlaenderen, door ..... *Gendt.* 1620, 1 vol. in-4.º

Plaidoyer d'Olivier Patru, conseiller du roi. Paris, 1670, 1 vol. in-4.º

Plempii Fortunati medicina. Lovanii, 1644, 1 vol. in-fol.

Practica criminalis canonica, per Ignatium Lopez de Salcedo. Moguntiæ, 1510, 1 vol. in-4.º

Practica nova Joannis de Corregio medici clarissimi. Venetiis, 1521, 1 vol. in-4.º

Pratique nouvelle, civile, criminelle et bénéficiale, par Lange. Paris, 1687, 1 vol. in-4.º

Pratique de la jurisprudence ecclésiastique, par Ducasse. Paris, 1702, 2 vol. in-8.º

Pratique générale de médecine de tout le corps humain, par..... Lyon, 1691, 3 vol. in-8.º

Pratique judiciaire, par Imbert et Guénois. Paris, 1606, 1 vol. in-4.º

Principes de l'architecture et de la sculpture, par Félibien. Paris, 1690, 1 vol. in-4.º

Principes de la fortification moderne, par Hartman. Bruxelles, 1712, 1 vol. in-8.º

Principes de la philosophie, par Descartes. Rouen, 1679, 1 vol. in-12.

Principes du droit politique, par..... Amsterdam, 1751, 2 vol. in-8.º

Procès civils et criminels, par Brun de la Rochette. Rouen, 1661, 1 vol. in-4.º

Prumptuarium divini juris atque humani, per Montholonium. Parisiis, 1520, 1 vol. in-4.º

Propriétaire (le) des choses utiles au corps humain, par... Paris, 1518, 1 vol. in-4.º

Quadrupertitum in modum argumentandi, per Caubraith. Parisiis, 1514, 1 vol. in-4.º

Recherches analytiques de la structure des parties du corps humain, par Besse. Paris, 1702, 2 vol. in-12.

Recueil des édits et arrêts en faveur des curés, par..... Paris, 1694, 1 vol. in-8.º

Recueil des édits de plusieurs rois sur le mariage. Paris, 1724, 1 v. in-12.

Recueil historique des bulles, brefs, etc., par.... Mons, 1704, 1 vol. in-8.º

Recueil général des pièces du procès entre demoiselle Cadière et le père Girard, jésuite. La Haye, 1731, 8 vol. in-12.

Recueil de décisions sur les chanoines, par..... Noyon, 1746.

Recueil des principales ordonnances des magistrats de la ville de Lille. Lille, 1771, 1 vol. in-4.º

Recueil des questions notables sur les matières bénéficiales, par Castel. Paris, 1689, 2 vol. in-fol.

Recueil de remèdes faciles et domestiques, par madame Fouquet. Paris, 1721, 2 vol. in-12.

Recueil des remèdes domestiques, par... 2 vol. in-12.

Recueil des monnaies, par de Salzade. Bruxelles, 1767, 1 vol. in-4.º

Réfutation de l'arrêt anti-religieux d'Helmstadt....... Bruxelles, 1712, 4 vol. in-8.º

Réfutation d'un mémoire épiscopal, par..... Bruxelles, 1718, 1 vol. in-12.

Remarques critiques sur le dictionnaire de Bayle. Paris, 1751, 2 vol. in-fol.

Répertoire d'arrêts tirés des notices de Dufief, conseiller ecclésiastique du grand conseil de Malines. *Manuscrit.* 25 vol. in-4.º

Repertorium juris canonici, per Gymnicum. Coloniæ, 1618, 3 vol. in-fol.

Repertitionum in jure canonico opus una cum appendice celeberrimi viri Mandosii. Coloniæ, 1618, 4 vol. in-fol.

Riolani Joannis prælectiones in libros physiologicos. Parisiis, 1620, 1 vol. in-12.

Salaciensis Petri Nonii opera mathematica atque astro-
nomica. Basileæ , 1566 , 1 vol. in-4.⁰

Science universelle , par Sorel; traité de la lumière.
1 vol. in-4.⁰

Senecæ Annei philosophi opera. Amstelodami , 1619,
1 vol. in-8.⁰

Somme-Ruyrael van alle Rechten, door Jean Bottegier.
Antwerpen , 1503, 1 vol. in-4.⁰

Speculum astrologiæ , per Junctinum Florentinum, Lug-
dini , 1573, 1 vol. in-4.⁰

Sphæra Joannis de Sacro Bosco emendata. Lutetiæ, 1561,
1 vol. in-12.

Speigel van sassen ofte Keyserlycke alle rechten. Demi-
imprimé et demi-manuscrit.

Summa criticæ sacræ ad usum theologorum , per........
Burdigaliæ , 1719 , 9 vol. in-8.⁰

Summa per utilis Goffredi super titulis decretalium.
Lugduni , 1519 , 1 vol. in-8.⁰

Summa Thomæ sive cursus theologiæ, per Billuart. Leodii,
1748 , 2 vol. in-8.⁰

Summaria et methodica explicatio decretalium D. Gregorii
Papæ. Lovanii , 1667, 1 vol. in-4.⁰

Summa theologiæ scholasticæ, per Martinum Becanum.
Duaci , 1641, 1 vol. in-fol.

Summa totius philosophiæ, id est logica , ethica, physica
et metaphysica, per Carolum de Raconem. Coloniæ
Agrippinæ , 1529 , 1 vol. in-4.⁰

Supremâ (de) romani pontificis doctrinâ. Avenionc,
1747, 1 vol. in-4.⁰

Sylvii-Francisci Delleboë opera medica. Amstelodami ,
1779, 1 vol. in-4.⁰

Sylvii-Francisci theologiæ doctoris commentaria. Antver-
piæ , 1698, 6 vol. in-fol.

Système de philosophie, par Régis. Lyon, 1691, 7 vol.
in-12.

Tabulæ astronomicæ Alphonsi Regis. Venetiis, 1503,
1 vol. in-8.º

*Tiraquelli Andreæ, regii in parisiensi curiâ senatoris de
jure constituti professoris tractatus. Parisiis*, 1549,
1 vol. in-12.

*Toleti Francisci in libros Aristotelis commentaria. Coloniæ
Agrippinæ*, 1574, 1 vol. in-4.º

*Tractatus celeberrimi viri de Cambanis utriusque juris
doctoris in clausulâ. Lugduni*, 1548, 1 vol. in-12.

Tractatus de jure devolutionis, per Stockmans. Bruxellis,
1666, 1 vol. in-8.º

*Tractatus varii Bartholomæi Cæpollæ utriusque juris
doctoris, præcipue de servitutibus et cautelis. Lugduni*,
1552, 1 vol. in-12.

*Tractatus de promulgatione legum ecclesiasticarum, per
Van Espen. Bruxellis*, 1721, 1 vol. in-4.º

*Tractatus de recursu ad principem protectorem, per Van
Espen. Lovanii*, 1725, 1 vol. in-4.º

Tractatus de sacramento matrimonii, per....... Duaci,
1743, 1 vol. in-8.º

Traité de la justice criminelle de France, par Jousse,
Paris, 1771, 4 vol. in-4.º

Traité de l'abus ou des appellations judiciaires, par
Feuret. Lyon, 1689, 1 vol. in-fol.

Traité de l'usage des parties du corps humain, par Verduc.
Paris, 1696, 2 vol. in-12.

Traité de physique, par Rohault, avec expériences par
Amoutons. Bruxelles, 1708, 3 vol. in-12.

Traité pacifique du pouvoir de l'Eglise et des princes
dans les empêchements du mariage, par Gerbais. Paris,
1693, 1 vol. in-4.º

Traité des collations et provisions des bénéfices ecclésiastiques, par Fiales. Paris, 1753, 3 vol. in-12.

Traité des Fiefs suivant les coutumes de France, par de Ferrière. Paris, 1680, 1 vol. in-4.º

Traité des portions congrues, par Duperray. Paris, 1689, 2 vol. in-12.

Traité du droit de patronage et des droits honorifiques des seigneurs, par Simon. Paris, 1686, 1 vol. in-12.

Traité du mouvement des eaux, par Mariotte et Lahire. Paris, 1700, 1 vol. in-12.

Tribunal regulare seu praxis formandi processus, per Passerinum. Romæ, 1676, 1 vol. in-4.º

Typho (de) generis humani, per Hiruhaim. Pragæ, 1676, 1 vol. in-8.º

Valentini (Mich.-Bernardi) medicina nova et antiqua. Francofurti, 1713, 1 vol. in-4.º

Valtrini Antonii Romani de re militari libri VII. Coloniæ, 1617, 1 vol. in-12.

Van Espen Bernardi juris utriusque doctoris scripta omnia. Lovanii, 1753, 4 vol. in-fol.

Van Espen Bernardi juris utriusque doctoris varia opuscula. Lovanii, 1700, 1 vol. in-fol.

Vlamsh-Latinschen dictionarium der Landbeschrivinge. Manuscrit, 1750, 1 vol. in-4.º

Vlamsh recht ofte welten en costuymen Van Vlaenderen, door Vandenhaene. Antwerpen, 1676, 1 vol. in-fol.

Vocabularius juris utriusque pro communi omnium utilitate. Lugduni, 1502, 1 vol. in-8.º

Universum cæleste opus philosophicum, astronomicum ac medicum, per Zanardum. Coloniæ Agrippinæ, 1620, 1 vol. in-4.º

Us et coutumes de la mer, avec un traité des termes de la
marine...... Bordeaux, 1661, 1 vol. in-4.º

Willis, Thomæ, doctoris medici, opera omnia. Lugduni,
1681, 2 vol. in-4.º

Zypæi opera in jus canonicum. Antverpiæ, 1675, 2 vol.
in-4.º

OEUVRES DIVERSES.

Anecdotes ou histoire secrète des Vestales , par.........
Paris, 1700 , 1 vol. in-12.

Bouclier de la France ou sentiment de Gerson sur les différends des rois de France avec les papes. Cologne, 1691,
1 vol. in-12.

Caractères de Théophraste, par de la Bruyère. Amsterdam,
1741, 2 vol. in-12.

Caractère des passions , par de la Chambre. Paris, 1648,
1 vol. in-4.º

Caractères naturels des hommes, par Bordelon. Paris,
1692 , 1 vol. in-12.

Cinquante discours de matières d'état , par de Willaert.
Bruxelles, 1633 , 1 vol. in-12.

Comptes des institutions des Jésuites, par Charlet. Paris ,
1762, 1 vol. in-12.

Comptes-rendus de la doctrine des jésuites, par les con-
seillers du parlement de Metz. Paris, 1762, 1 v. in-12.

Conjuration de Rienzi , tyran de Rome , en 1347, par du
Cerceau. Paris , 1733 , 1 vol. in-12.

Conseils pour vivre long-temps , par Cornaro. Paris, 1701,
1 vol. in-12.

Conversation avec soi-même , par le marquis Carraccioli.
Liége, 1749, 1 vol. in-12.

Conversations morales dédiées au roi Louis XIV, par.... Paris, 1686, 2 vol. in-12.

Conversion d'Hermogène, par Frère Philippe. Paris, 1624, 1 vol. in-8.º

Criminel (l'illustre), par Oudeau. Lyon, 1667, 1 vol. in-8.º

Critique générale sur l'histoire du calvinisme, par Maimbourg. Ville-Franche, 2 vol. in-18.

Declarationes D. Erasmi Roterdami ad censuras Lutetiæ. Basileæ, 1532, 1 vol. in-8.º

Description nouvelle du château de Versailles, par de la Force. Paris, 1724, 2 vol. in-12.

Descriptionis ptolemaicæ augmentum, per Wytfliet. Lovanii, 1688, 1 vol. in-folio.

Dignité (de la) ecclésiastique, par Borjon. Lyon, 1688, 1 vol. in-12.

Discours sur les constitutions des Jésuites........ 1761, 1 vol. in-8.º

Discours sur les désordres du monde. par le père Héliodore. Paris, 1684, 1 vol. in-8.º

Droits du roi sur les bénéfices ecclésiastiques, par Pinsson. Paris, 1688, 2 vol. in-4.º

Éclaircissements sur la vie de M. J.ⁿ d'Aranton d'Alex, évêque et prince. Chambéry, 1691, 1 vol. in-12.

Éducation des enfants, traduite de Locke, par M. Coste. Amsterdam, 1737, 2 vol. in-12.

Éducation (l') des filles, par Eudes. Paris, 1678, 1 vol. in-12.

Enterrement du dictionnaire de l'académie......... 1697, 1 vol. in-12.

Entretiens curieux d'Hermodore et du voyageur inconnu, par de S.ᵗ-Agran. Lyon, 1634, 1 vol. in-8.º

Entretiens solitaires, par de Brebœuf. Paris, 1670, 1 vol. in-18.

Éphémérides des mouvements célestes, depuis 1703 jusqu'en 1714, par de Beaulieu. Paris, 1703, 1 vol. in-4.º

Epimetron sive auctarium thesauri aphorismorum politicorum. Francofurti, 1815, 1 vol. in-8.º

Epistolæ Japonicæ de gentilium conversione. Lovanii, 1570, 1 vol. in-12.

Espion (l') turc dans les cours des princes chrétiens, par......... Cologne, 1711, 5 vol. in-12.

Esprit des deux ordonnances de Louis XV sur les donations et les testaments. Paris, 1752, 2 vol. in-12.

Essai historique sur le goût, par de la Vilate. Londres, 1741, 1 vol. in-12.

Essai sur les erreurs populaires, par Thomas Brown. Paris, 1733, 2 vol. in-12.

Esprit (l') des lois quintessencié, par.......... Paris 1753, 2 vol. in-12.

Examen du Prince, de Machiavel, par de la Houssaye. La Haye, 1741, 2 vol. in-8.º

Fra-Paolo (le prince de) ou conseils politiques, par Sarpi. Berlin, 1751, 1 vol. in-12.

Gaulteri Paulli cogitationes seriæ. Duaci, 1653, 1 vol. in-12.

Genève Plagiaire, par Pierre Coton. Paris, 1618, 1 vol. in-folio.

Grandeur d'ame (la), par........ Francfort, 1762, 1 vol. in-12.

Gubernatio collegiorum quorumdam, per fratres ac sacerdotes..... 1 vol. in-12.

Hollands allonde Vryheydt..... 1 vol. in-4.º

Homme (l') de cour, par de la Houssaye. Paris, 1687, 1 vol. in-12.

Hovenier (den Koninglycken) door D.H. Cause. Amsterdam, 1676, 1 vol. in-4.º

Idea politica veri christiani, per Lusonem de Millares. Bruxellis, 1664, 1 vol. in-4.º

Idées vraies et fausses, par Arnauld. Cologne, 1683, 1 vol. in-12.

Incrédulité (l') conduit à la religion, par........ Tournai, 1769, 1 vol. in-12.

Institutio politico-christiana per Scribanum. Bruxellæ, 1623, 1 vol. in-4.º

Instruction de la jeunesse, par Gobinet. Paris, 1689, 1 vol. in-12.

Instructions importantes aux étudians et à leurs parens, par.......... Bruxelles, 1752, 3 vol. in-12.

Jouissance de soi-même, par le marquis de Caraccioli Francfort, 1749, 1 vol. in-12.

Lettres à un évêque sur les jésuites, par Couet. Paris, 1762, 1 vol. in-12.

Lettres de l'imposteur trompant les théologiens de Douai. 1691, 2 vol. in-18.

Lettres de piété, par de Ransé. Paris, 1704, 2 vol. in-12.

Lettres d'Eusèbe Philalèthe sur l'histoire ecclésiastique. Liège, 1755, 1 vol. in-12.

Lettre d'un théologien à Mgr. l'évêque de Meaux, par de Longbois. Cologne, 1699, 1 vol. in-12.

Lettres édifiantes des missions étrangères, par Querbeuf. Lyon, 1819, 14 vol. in-8.º

Lettres et mémoires de Devargas sur le concile de Trente. Amsterdam, 1799, 1 vol. in-8.º

Lettres morales sur les mœurs du temps.... Paris, 1768, 2 vol. in-12.

Lettres pastorales de Mgr. l'évêque d'Arras. Orléans, 1703, 1 vol. in-12.

Lettres spirituelles de Surin, jésuite. Avignon, 1721, 1 vol. in-12.

Life of the lady Warner, by .... *London,* 1692, 1 vol. in-12.

Lipsii (Justi) epistolæ selectæ ad Belgas. Antverpiæ, 1702, 1 vol. in-4.º

Lipsii (Justi) de constantiâ libri II. Antverpiæ, 1685, 1 vol. in-4.º

Lipsii (Justi) monita et exempla politica. Antverpiæ, 1713, 1 vol. in-4.º

Litteræ de morali et politicâ Jesuitarum diciplinâ, per.. Coloniæ, 1666, 1 vol. in-8.º

Marselaer Frederici equitis de re diplomaticâ libri II ad Philippum IV Hispaniarum regem legatus. Antverpiæ, 1626, 1 vol. in-8.º

Maximes et réflexions sur la comédie, par Bossuet. Paris, 1694, 1 vol. in-18.

Miroir des abbés et des abbesses, par.... Aix-La-Chapelle, 1731, 1 vol. in-12.

Montalti Lud. litteræ de politicâ et morali jesuitarum disciplinâ, per Wendrock. Coloniæ, 1679, 1 vol. in-8.º

Morale pratique des jésuites. 1683, 8 vol. in-12.

Mori Thomæ angli viri eruditione clarissimi opera. Lovanii, 1566, 1 vol. in-4.º

Mundus symbolicus, per Philippum Pianellum. Coloniæ Agrippinæ, 1681, 2 vol. in-folio.

Narrations d'Omaï, insulaire, par..... Rouen, 1790, 4 vol. in-8.º

Natalis comitis Veneti historiæ sui temporis universæ libri XXX. Argentorati, 1612, 1 v. in-4.º

Nature (de la) ou de l'équilibre des biens et des maux. Amsterdam, 1761, 1 vol. in-8.º

Nature (la) en contraste avec la religion et la raison , par Richard. Paris, 1773 , 1 vol. in-8.º

Nomenclator omnium rerum, per Adrianum Junium. Antverpiæ , 1577 , 1 vol. in-12.

OEuvres diverses d'Arnauld, dédiées à S. M. le roi de Prusse. Berlin, 1751 , 3 vol. in-18.

OEuvres diverses de poésie de M. le F. . . . Paris, 1750 , 2 vol. in-18.

OEuvres diverses de M. Thomas, ex-professeur de l'université de Paris. Amsterdam , 1764, 1 vol. in-12.

OEuvres de M.ᵐᵉ de Ville-Dieu, ou tableau des faiblesses humaines. Paris , 1721 , 12 vol. in-12.

Olai magni de ritu et bello gentium septentrionalium. Romæ , 1560 , 1 vol. in-4.º

Parallèle de la doctrine des païens avec celle des jésuites. Paris, 1726 , 1 vol. in-8.º

Passions (les) de l'âme , par Descartes. Paris, 1650 , 1 v. in-12.

Pensées choisies de l'abbé Boileau, prédicateur] du roi. Paris, 1718 , 1 vol. in-12.

Pensées de Bourdaloue. Bruxelles, 1740 , 2 vol. in-12.

Pensées de Pascal. Lyon , 1687, 1 vol. in-12.

Pensées diverses sur les comètes, par. . . . Rotterdam, 1689 , 1 vol. in-12.

Pensées ingénieuses des anciens et des modernes , par. . . Lyon , 1693, 1 vol. in-12.

Pensées morales, par Aurillon Paris, 1741 , 1 vol. in-12.

Pontani Joannis Joviani de reipublicæ administratione , opera quæcumque fecit. Basileæ , 1538 , 2 vol. in-8.º

Possevini junioris philosophi et medici historia. Mantuæ , 1637, 1 vol. in-folio.

Préjugés légitimes contre le papisme, par Pierre Jurieu. Amsterdam, 1685 , 1 vol. in-4.º

Princeps. christianus adversus Nicolaum Machiavellum,
per Petrum Ribadeneiram. Antverpiæ , 1603 , 1 vol.
in-4.º

Prince (le) dévot et guerrier, Léopold d'Autriche, par
Bex. Lille , 1667 , 1 vol. in-4.º

Problème : qui des jésuites ou de Luther ont le plus nui
à l'Église, par.... Utrecht , 1758 ; 2 vol. in-12.

Provinciales (lettres), par L. de Montalte , avec les notes
de Wendrock. 1712 , 3 vol. in-12.

Qualités nécessaires au juge, par.... Paris, 1700, 1 vol.
in-12.

Re (de) diplomaticâ libri VI, per Mabillon. Lutetiæ ,
1709 , 1 vol. in-folio.

Réflexions sur ce qui peut plaire ou déplaire , par l'abbé
de Bellegarde. Amsterdam, 1712, 1 vol. in-12.

Réflexions sur le ridicule, par Bellegarde. Paris, 1697 ,
1 vol. in-12.

Réflexions sur les différends de la religion, par... Paris ,
1686 , 1 vol. in-12.

Religieux (le) mourant, par.... Avignon, 1751, 2 vol.
in-12.

Religion (la seule véritable), par Hespelle. Paris, 1774,
2 vol. in-8.º

Remontrances (humbles) de Mgr. l'évêque de Montpellier,
au roi, au sujet de l'ordonnance du 11 mars 1723.
1724, 1 vol. in-4.º

Renversement de la morale de Jésus-Christ par les calvi-
nistes. Paris, 1672 , 1 vol. in-4.º

Réponse à l'apologie pour la réformation de l'Église.
Paris, 1685, 1 vol. in-12.

Réponse aux lettres provinciales de L. de Montalte, par...
Bruxelles, 1697 , 1 vol. in-12.

Résolutions politiques, ou maximes d'état, par de Marnix. Bruxelles, 1629, 1 vol. in-4.º

Schouburg der hereticken, door Plumyon. Manuscrit, 1751, 7 vol. in-4.º

Science de la cour, par de Chevigny, Paris, 1725, 4 vol. in-12.

Science des princes, ou considérations sur les coups d'état, par Naudet. Paris, 1752, 3 vol. in-12.

Science universelle de l'être et des propriétés des choses corporelles. Paris, 1668, 6 vol. in-12.

Sæculum aureum sive de pace libri II, per Loycx. Ant-verpiæ, 1645, 1 vol. in-4.º

Sentimens d'Erasme de Rotterdam. Cologne, 1688, 1 vol. in-12.

Servorum Dei de beatificatione, per.... Bononiæ, 1735, 2 vol. in-folio.

Souverains (les) du monde, par.... La Haye, 1722, 4 vol. in-12.

Spectacle de la nature, entretiens curieux. Paris, 1735, 5 vol. in-12.

Speculum abominationum sive omnes hæresiarchæ, per Dereyn. Ypris, 1701, 1 vol. in-8.º

Temple (le) de Gnide, avec le texte italien en regard, par Vespasiano. Paris, 1767. 1 vol. in-18.

Testament politique d'Armand Duplessis, cardinal et duc de Richelieu. Amsterdam, 1683, vol. in-18.

Tocsins (les), avec les écrits et arrêts, par.... 1716, 1 vol. in-12.

Tollenarii Joannis speculum vanitatis. Antverpiæ, 1635, 1 vol. in-4.º

Traité de la peinture et de la sculpture, par Richardson. Amsterdam, 1728, 2 vol. in-8.º

Traité de mécanisme, par de La Hire. — Forces mou

vantes et équilibres , par Pardie et Lamy. Paris, 1695 ,
3 vol. in-12.

Traité de l'autorité des rois touchant l'administration de
l'Église , par Talon. Amsterdam , 1700, 1 vol. in-8.º

Traité des droits honorifiques des seigneurs dans les
églises, par Maréchal. Paris , 1687, 1 vol. in-8.º

Traité des indults accordés aux rois par les papes, par
Pinson. Paris , 1700 , 2 vol. in-12.

Venin des propositions du P. Quesnel, par Dujardin.
Gand, 1730 , 1 vol. in-12.

Vérité rendue sensible , par.... 1724, 1 vol. in-12.

Virginie, ou la vierge chrétienne , par Marin. Avignon ,
1740 , 2 vol. in-8.º

Voies opposées, par Papin. Liége , 1713 , 1 vol. in-12.

Voltariana ou éloges amphigouriques de Voltaire....
Paris, 1748, 1 vol. in-8.º

Voyage de la Raison en Europe, par.... Compiègne,
1772, 1 vol. in-12.

Univers (l') énigmatique, par Caraccioli. Francfort, 1760,
1 vol. in-12.